无器械力量训练

彩色图谱

ANATOMÍA & MUSCULACIÓN SIN APARATOS

[西] 吉耶尔莫·赛哈斯（Guillermo Seijas）著

汤璐 译

人民邮电出版社

北 京

图书在版编目（CIP）数据

无器械力量训练彩色图谱 / （西）吉耶尔莫·赛哈斯
著；汤璐译. -- 北京 ：人民邮电出版社，2021.1
（悦动空间）
ISBN 978-7-115-55080-4

Ⅰ. ①无… Ⅱ. ①吉… ②汤… Ⅲ. ①力量训练－图
谱 Ⅳ. ①G808.14-64

中国版本图书馆CIP数据核字(2020)第203782号

版 权 声 明

ANATOMÍA & MUSCULACIÓN SIN APARATOS

© Copyright 2019 Editorial Paidotribo—World Rights

Published by Editorial Paidotribo, Badalona, Spain

© Copyright of this edition: POSTS & TELECOM PRESS

This simplified Chinese translation edition arranged through CA-LINK INTERNATIONAL LLC.

内 容 提 要

本书是一本完整的无器械力量训练可视化指南，共包括 50 个涉及胸部、背部、肩部、手臂、腹部、臀部和腿部的基本训练动作。每一个训练动作都用图示的方式进行展示，并详细介绍了重点锻炼的身体部位、准备姿势、肌肉强度等，同时为不同水平的训练者设计了简易版变式和进阶版变式。在本书最后一部分还提供了分别适合初级训练者、中级训练者和高级训练者的训练方案。利用本书所介绍的方法，无需专门器械即可在家庭、办公室以及其他场所进行卓有成效的训练。

本书适合不同水平的健身爱好者使用。

◆ 著 [西]吉耶尔莫·赛哈斯（Guillermo Seijas）
译 汤 璐
责任编辑 刘 朋
责任印制 陈 犇

◆ 人民邮电出版社出版发行 北京市丰台区成寿寺路 11 号
邮编 100164 电子邮件 315@ptpress.com.cn
网址 https://www.ptpress.com.cn
临西县阅读时光印刷有限公司印刷

◆ 开本：787×1092 1/16
印张：9.5 2021 年 1 月第 1 版
字数：229 千字 2025 年 11 月河北第 23 次印刷
著作权合同登记号 图字：01-2019-1023 号

定价：59.00 元

读者服务热线：(010)81055410 印装质量热线：(010)81055316
反盗版热线：(010)81055315

许多人试图不借助任何设备和器具进行塑形健身，其中的原因多种多样。也许这是他的首次健身体验，而他认为一个好的开始就是只需利用自身的体重和完善的计划来进行单独训练。又或许他是一名正在寻求转变的优秀运动员，或者只是单纯不想再被束缚在健身房中的运动爱好者。而这些只是众多原因中的几个而已。但可以肯定的是，如果一名运动员想要寻求新的训练方式，这本书将对其大有裨益。本书试图介绍一些关于健身训练的基本概念。这些概念有的从未得到重视，有的则在日复一日的枯燥训练中逐渐被人们忽略。

有时候，我们不妨停下来问问自己，正在做的事情是否有意义，是否能帮助自己取得进步，抑或只是因为它方便简单而无意中成了一种我们习以为常的生活方式。

无论你是在寻找一些新的锻炼方式来使训练课程更加丰富有趣，还是需要安排训练日程来进行常规的健身，或者想要彻底改变运动习惯，你都可以在这本书中找到有用的资源。

在本书中，不会有人来和你分享他们在健身房中的琐事，也不会有人试图说服你相信那些毫无依据、单凭直觉臆造出来的"理论"。事实上，情况恰恰相反。为了更好地向大众呈现一本专业图书，我们采用了当前的最新数据，提供了增肌训练的真实案例，还介绍了健身专家的权威观点。

但本书不只是简单的数据解读，作者本身也在专业健身训练方面有着多年的丰富经验。如果你有足够的热情和毅力，这本书将成为你达到最好状态的绝佳助力。

目录

本书原著作者及相关人员

作者 [西] 吉耶尔莫·赛哈斯（Guillermo Seijas）

插图绘制 [西] 米丽娅姆·费隆（Myriam Ferron）

摄影 [西] 诺斯（Nos） 索托（Soto）

使用指南

训练项目

动作介绍

动作概述

肌肉强度

动作要点

准备姿势

技巧建议

完成姿势

锻炼到的肌肉
（彩色标注）

锻炼到的肌肉
（黑体标注）

在该区域内锻炼
到的其他肌肉

锻炼到的肌肉

训练编号　　锻炼区域　锻炼肌肉　　训练名称

01 胸部训练 / 胸肌

俯卧撑

这是无器械力量训练中最为人熟知的一项。多年来，不同类型的训练者都一直在做这套动作，同时发展出了许多变式，从而使它的难度等级有了不同的变化。

准备姿势

肌肉强度

7

动作指引

脸部朝下。手掌平置于地面，放在胸部两侧，但不能碰触胸部。同时用脚尖抵住地面，保持背部和腿部伸直，身体与地面平行，并尽可能地接近但不接触地面。以这个准备姿势开始，伸直肘部，抬高身体，使胸部远离地面。

斜方肌

三角肌
（前部或锁骨部位）

肱二头肌
胸大肌
肱桡肌
旋前圆肌

肱二头肌

肱三头肌

肱桡肌
肘肌
桡侧腕长伸肌
桡侧腕短伸肌

桡前旋前腕肌
掌长肌
拇长展肌
拇短伸肌

指伸肌
拇长展肌
尺侧腕伸肌
拇短伸肌

44

简易版变式和进阶版变式

锻炼区域
详细图解

俯卧撑 01

动作变式

简易版变式

如果一个正常的俯卧撑对你来说也有难度的话，则可以尝试用膝盖而不是脚尖来支撑身体，当然最好是在垫子上完成。该变式降低了训练难度和强度，等你准备好了以后，再过渡到传统的俯卧撑。

准备姿势

完成姿势

准备姿势

技巧提示

● 躯干和下肢必须伸直。
● 肘部和肩部尽量固定。
● 尽量放低身体，但不要借助地面来支撑体重。

进阶版变式

如果你想进入下一个难度等级，则可以试着只用一只手完成俯卧撑。因为这个变式更加复杂，所以我们建议你分开双脚，以保持身体的平衡。

完成姿势

45

— 简易版变式

✚ 进阶版变式

训练方案
（第 146~151 页）

页码

编号　　　　　姿势

组数：4	重复次数：12

动作组数　　重复次数

代表变式难度（简易或进阶）

肌肉分布图

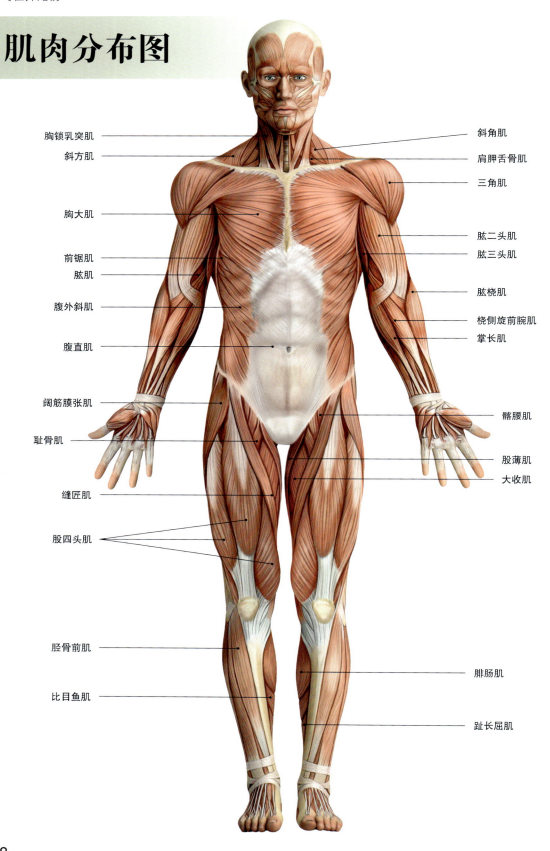

胸锁乳突肌

斜方肌

胸大肌

前锯肌

肱肌

腹外斜肌

腹直肌

阔筋膜张肌

耻骨肌

缝匠肌

股四头肌

胫骨前肌

比目鱼肌

斜角肌

肩胛舌骨肌

三角肌

肱二头肌

肱三头肌

肱桡肌

桡侧旋前腕肌

掌长肌

髂腰肌

股薄肌

大收肌

腓肠肌

趾长屈肌

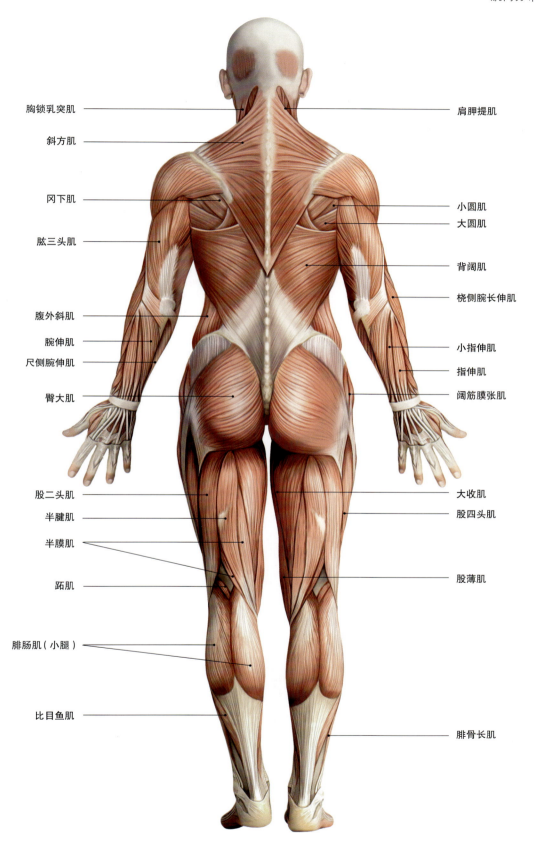

胸锁乳突肌

斜方肌

冈下肌

肱三头肌

腹外斜肌

腕伸肌

尺侧腕伸肌

臀大肌

股二头肌

半腱肌

半膜肌

跖肌

腓肠肌（小腿）

比目鱼肌

肩胛提肌

小圆肌

大圆肌

背阔肌

桡侧腕长伸肌

小指伸肌

指伸肌

阔筋膜张肌

大收肌

股四头肌

股薄肌

腓骨长肌

无器械力量训练

力量训练可经由相应的专项训练和常规日程达到塑造骨骼肌肉的目的。当谈到力量训练时，我们通常会想到设备完善的健身房，里面有哑铃、长凳、健身棒、滑盘、滑轮和其他各类器械，其中昂贵的器械不胜枚举，且只有在健身房中才可能找到。同时，浮现在我们脑海中的也可能是那些肌肉发达的健身爱好者在进行阻力训练的场景。

这些传统的训练方式自然有它们的效果，否则也不会在近几十年来一直受到人们的青睐，用于改善肌肉质量和张力。但另一方面，潮流时刻在变化，运动产品生产厂商每年也都在推陈出新，并纷纷承诺能实现运动效能的最大化，从而促进健康、延长寿命和提高生活质量。有些还声称可在数周内就看到效果，你甚至不需要从沙发上起来，且每天或每周只需花上几分钟的时间即可。面对铺天盖地的宣传，我们有必要静下心来思考一下，是否有高水平的健身者会在自己的训练中使用这些方法或产品呢？你见过哪一位健美运动员借助电视上推广的那些小型电子器具锻炼自己的腹肌吗？如果有的话，那么应该也只限于那些收了钱而拍广告的人吧。

当然，这些新的潮流里也有一些非常有用、值得日常借鉴的东西。例如，悬挂训练、功能训练和健美操就是很好的例子，它们有助于培养人们对健身的兴趣，是业余健身爱好者的首选。

总而言之，力量训练有自己的传统模式，但除此之外，依然有许多其他行之有效的方法。若能取其精华，将这些方式统筹结合，定能事半功倍，让你在有趣而轻松的氛围中实现目标。

这本书能帮助你全面考察不同的流行趋势和方法，选择最适合自己的方式进行运动。

什么是无器械力量训练

力量训练通常需要利用一些昂贵且笨重的特殊器械。在锻炼过程中，你需要克服一定的阻力。阻力的来源多种多样，体重是其中的一种，也是每个人自身都存在的阻力来源。许多训练方法（比如健身操）就是利用这一要素进行的。

推力

推力训练一般都在地面上进行。我们可以用地面作为支撑点，进行多种推力训练，例如下蹲、弓步等。

家中和户外有很多可加以利用的元素，只需引入细小的变化就能达成不同的体式。例如，一面墙、一把长椅或者一个台阶都能帮助我们在进行俯卧撑训练时实现各种姿势的调整，从而改变难度，或加强对某块胸肌的锻炼。

如果你可以和同伴一起训练，

在搭档的协助下，简单的俯卧撑也能成为颇具挑战的训练项目。

或者与一个小组共同训练，那么你的搭档就能帮助你增大或减小阻力。

如果你无法独自完成某项运动，你的搭档就会协助你一同克服阻力；如果你觉得这项运动太容易（因为你已经达到更高的水准），那么你的搭档就能通过增大阻力，甚至将他的部分或全部体重压在你的身上来帮你增加难度。另外，小组训练总是更加有

趣，同伴之间的良性竞争可以带来挑战，帮助你不断进步。

推力训练有大量变式，难度也随之发生变化。例如，有时我们可以进行单手或单腿训练。单臂俯卧撑和单腿下蹲对于经验老到的训练者来说也是十足的挑战。而其他中等难度的变式，例如增加负重（利用装满书的背包、装着液体的容器等），也能使训练内容变得更加丰富。

深蹲是借助自身体重进行的阻力训练，当然我们也可以适度增加其他阻力来提高自己的水平。

利用两把长椅，我们就能锻炼胸肋和腹部区域，特别是胸肌。同时，身体和地面的距离强化了肌肉训练的离心阶段，动作幅度也因而变大。

拉力

推力训练无法锻炼到所有的肌群，因为有些肌肉的功能主要和拉伸有关，这些肌肉包括背阔肌、斜方肌和肱二头肌等。借助一些设备进行拉伸确实是必要的，但我们只需利用有限的设备，或者利用自然和城市环境中的某些物体，就足以弥补专业设备欠缺的不足。

其实，在城市和自然环境里，很多东西都可以作为吊杆使用。但是，在使用它们之前，要注意以下几点。

越来越多的公园和休闲场所设置了进行拉力训练的固定设备。城市中这些常见的设备都是为了帮助人们进行拉力训练而设计的。

利用横梁和尼龙带（或绳子）可以进行大量的拉力训练，我们只需要通过改变身体的角度来调整难度即可。

● **安全性。** 用于支撑的任何设备都必须满足以下几项最低安全标准：阻力足够，离地距离适当，表面平整光滑，边缘规整，不可损伤到手部和其他进行支撑的身体部位。

● **适用性和耐用性。** 不可因我们的使用或错误的方法而导致设备损坏及环境恶化。进行锻炼的地方应远离儿童公园和交通指示灯等区域。

我们可以在一些类似吊杆的设备上使用尼龙绳索或皮带，将拉伸做到极致。因为有了足够牢固的支撑物来固定它们，拉力训练将具有更丰富的变式，而这也进而强化了拉力训练的效果。

这种金属结构十分结实耐用，适当的高度能够提供足够的支撑，而且不会因长期使用而折损。

将一根尼龙带穿过支撑物，在它的一端系上重物，就得到了一个简易的滑轮。

器械辅助的力量训练的优点与缺点

增加肌肉质量的方法多种多样。诚然，在追求这一目标的过程中，有一些方法可能更受欢迎或者更加有效，但通过其他途径，我们依然能获得显著的锻炼成效。在本书中，我们使用"器械"一词来指代所有专业的锻炼装置和设备。

器械辅助的力量训练的优点

在支持使用器械进行力量训练的观点中，以下几点最为突出。

● 市面上各种不同的器械、长椅和其他设施都是专门针对健身而设计的，它们丰富了训练的形式，同时又能保障每个训练者的安全，起到了强身健体的作用。

● 器械能对训练动作进行良好的指引，因此是值得初学者尝试的锻炼方式，同时也适用于那些需要提升训练技巧的人。有

我们只需调整负重或高度差，就可以借助滑轮达到多角度多重阻力的训练目的。

了器械的辅助，动作就会变得更加规范，运动的风险大幅降低，受伤的情况也少之又少。

● 我们可以通过增加或减少杠铃片和使用不同质量的哑铃来增加或减少每个项目的负重，从而使训练强度得以轻松调整。这也保证了我们能在最短的时间内找到有针对性的训练方案。

● 健身房内多样的器械为日常训练带来了更多的选择和可能性。

● 总体而言，健身房是最适合运动的场所，因为它提供了训练所需的最佳温度和良好的通风条件，甚至还有配备齐全的更衣室。要论舒适度的话，健身房的确更胜一筹。

大部分健身器械能帮助我们以舒适的姿势进行训练，并有效规范了我们所做的每一个动作，从而最大限度地降低了运动风险，弥补了我们运动技巧上的不足。

器械辅助的力量训练的缺点

人们对于利用器械进行力量训练的做法一直都褒贬不一，这里我们想和大家分享一下人们认为的这种训练方式的几个主要缺点。

● 健身房中的专业器械通常昂贵且体积庞大，所以一般人几乎不可能在家里拥有和健身房一样完备的器械。此时的一种选择是加入一家健身房，但这意味着每月必须支出一定的会员费。

● 除了专门的训练中心，大多数健身房训练者的出勤率非常不稳定，这是因为人们在很大程度上受到了时间的影响。比如，在 12 月的某个早晨，你也许可以轻松自如地进行锻炼，但如果是 6 月的一个下午，就很难说了。有时，你已经完全进入状态，即将看到训练效果，但可能会因为某些突发状况而无法继续执行现有的训练计划。

● 如果你需要经常出行，那就更加无法保证能定期去健身房了；非要这么做的话，你就不得不每次出差时在工作日程里腾出一定的时间，在当地找一家健身房。如果他们接收非会员的话，你就可以进行锻炼。

● 每个健身房都有自己独特的器械和区域分布。器械简陋的健身房会限制你进行各种各样的锻炼，而频繁更换健身房也会迫使你不得不重新适应全新的器械和训练区域。

● 均衡地使用不同的器械能丰富我们的训练内容，并使训练者从中受益，但滥用器械或过度频繁地进行力量训练也有可能阻碍其他能力的发展，例如平衡感、协调性、肌肉的运动知觉以及运动中的其他技巧。

滥用器械会导致运动技巧和协调能力下降，特别是影响肌肉的协调能力。

有的时候问题就出在你习惯使用的器械上，比如这台哈克推举机。只有少数健身房才配备这种器械，这就意味着你的选择十分有限。

无器械力量训练的优点与缺点

无器械力量训练也有其自身的优点和缺点。本书不会只谈优点而对缺点绝口不提，我们将以全面客观的视角向大众呈现这一训练方法。更重要的是，我们需牢记，最完整的训练是每个人都能从中各取所需。同时，最明智的训练者将会是那些能保持思想开放且具备批判和分析能力的人。

无器械力量训练的优点

以下是无器械力量训练的相关优点。

● 训练不受时间和地点的限制，唯一的要素就是你自己的身体。没有器械的束缚，也省下了许多去健身房的麻烦。

● 任何人，包括那些住在偏远地区、无法享用城市基础设施的人，都可以自行设计、安排独特的训练计划。假设放假时你打算去郊外享受几天的大自然，只要你愿意，你就依然可以继续进行锻炼。

● 无器械力量训练只需要很少的器械，而且不需要特殊的器械。因此，我们只需要利用家中、城市里或自然环境中的一些物体就可以进行训练。即便是要求购买的器械往往也是价格较低、获取途径便捷、替代性强的。

● 无器械力量训练的训练项目非常多，每个训练者可以依据自己的健康水平和运动经验调整难度，以达到全面的训练效果。其他要素（如角度、负重或辅助器械）也能帮助我们逐步调整难度。

● 动作不受限制。这也有助于增强力量和改善肌肉质量，同时对训练者自身的运动技巧、协调性和身体掌控能力的要求更高。而这些正是帮助你成为一个更加全面且强大的训练者所必需的素质。

做俯卧撑时，通过适度增大身体倾斜的角度，也可以降低难度。

利用自身体重或任意物体，并结合一些固定的元素进行锻炼，可以有效提高自身的协调性和控制能力。

无器械力量训练的缺点

该类训练的缺点虽然不多，但也值得一提，这样更有利于人们在制订训练计划时知道自己应该注意些什么。

● 在大多数使用健身器械进行的训练中，我们只需增加杠铃片或者更换一套不同种类的哑铃就可以将难度从初级提升到最高级别。但是，在无器械辅助的训练中，虽然我们也可以利用角度或负重调整难度，但在大多数情况下，能调整的范围极小，灵活性较差。

● 如果不想去某个健身房训练，那么训练者就必须四处寻觅一些物体，如铁杆、横梁、栏杆、长凳，甚至是粗壮的枝干来辅助锻炼。而这迫使他们不得不前往一些更远的地方，反而违背了初衷。

● 利用身体体重或自由负重进行的训练可以有效地增强动作的协调性并提升训练者的总体能力，然而对于经验尚浅的训练者以及那些在某些肌群的训练上有困难的人来说，这可能成为限制他们发挥的因素。

● 传统的器械可以记录你在当下的训练中使用到的负重的大小，并有条不紊地跟踪你的进展，但没有器械辅助时，想要继续做到这一点，则相当有难度，唯一能作为参考的只有自己的主观感受。

● 利用自身体重或其他负重进行训练时，因为动作的自由度过大，训练者很可能会在突发状况下或技巧不足时意外受伤。

● 腿部肌肉的训练可能受到限制，因为大腿肌群（如股四头肌）是非常强壮而有力的肌肉，在普通环境里很难找到合适的阻力负重来进行高强度的训练。

相对于在器械指引下的规范动作，无器械辅助的训练自由度较大，反而容易受伤。

有时候，无器械辅助的训练无法涵盖传统训练所能提供的各种难度（如增加杠铃片、更换哑铃）。

训练场所与方式

对于一个习惯了在健身房中进行训练的人来说，可能很难想象城市和自然环境如何提供相应的资源，以保证自己能以一种完整和平衡的方式完成锻炼。没有什么比在城市中漫步更好的方法了，让我们一起去探索吧。你会发现其实触手可及之处，选择无处不在，只是常常被我们忽略了而已。

双杠

许多公园中都有双杠供人们锻炼身体，但城市环境中也有其他可利用的资源，比如停放自行车的地方也可以起到同样的作用。

长椅

"长椅"一词在这里不只是字面含义，它也指那些可以供训练者躺下来进行锻炼的地方，比如能锻炼到腹部肌肉的任何设施。

单杠

如果没有一个可以悬挂的地方来让我们做引体向上或者类似的变式动作，那么训练就会变得异常困难。城市环境里四处都藏着"法宝"，让我们能轻松完成这项运动，同时还能根据自身条

公园里的双杠。

这根栏杆具有长椅的功能，同时增加了倾斜的元素，因而提高了训练的难度。

城市环境中的许多设施（如图中的这种钢筋横梁）都能起到单杠的作用。

自行车停放处的两道平行杆也可起到双杠的作用。

一些公园里除了配备供人们休息的长椅外，也会有其他类似设施，帮助人们进行腹肌训练。

我们在公园中和沙滩上可以看到许多不同高度的单杠组合。

件和局限性进行调整。但必须注意的是，在使用这些设施时，要遵守当地法规，不可肆意破坏。

不同高度的支撑点

不同高度的支撑点可以供你在训练中进行难度调整，也适用于一些要求手脚摆放高度不一样的训练动作。对于俯卧撑、下沉臂屈伸、弓步等运动来说，虽然支撑点不是必需的，但若有一定的支撑的话，就可以拓展出许多不同的变式。

这种安装在地面上的设施可以用于固定绳索，帮助我们进行悬挂训练。这种在城市里随处可见的设施非常牢固，不会因使用而受到任何损害。

在俯卧撑动作中，我们可以利用相距较近的两个长凳或座椅作为身体下沉时的支撑点，从而增加下沉时臂屈伸的难度。

固定横栏也能起到辅助向上支撑的作用。

固定点

如果你在训练中会使用到悬挂装置，同时希望能在此基础上进行一些变化，那么你就需要找到能够固定绳索进行滑动的"锚点"。如果实在没有，一条尼龙绳索也可以起到相同的作用，甚至价格更低。诸如树干和横梁等任何有一定高度且能承受负重的物体都具备相似的功能。

我们可以在绳带的一端系上重物，然后将其悬挂在某个横梁上，制作成简易的健身滑轮。

这些只是所有我们可以想象到的方法中的极小一部分。无器械辅助的力量训练需要长期坚持。随着经验的积累和身体素质的提高，你会相应地调整和打造属于自己的训练项目，从而使训练内容变得更加丰富，满足自身的运动需求。

一段时间过后，你会自然而然地对训练内容进行调整，甚至都没有意识到自己做出的改变。你会从传统的运动模式中脱离出来，开始尝试新的训练方法，开启一段无极限的旅程。这将使你成为一名富有主见、对自我有清晰认识的训练者。

基本术语

在介绍训练原则及其在训练中的应用之前，我们需要学习一些相关术语，帮助我们理解新兴的概念，其中包括训练日程的安排和构成。

训练负荷

这是一个参数，用来测量训练者为了获取身体反应而对机体施加的训练刺激，其中包括刺激的维度及其变量，即**训练量**和**训练强度**。

训练量

这是一个量化因素，即完成的练习量。一般来说，这个数值可以用千米、分钟等单位来表示。对于一名自行车运动员而言，一次的训练量指的是其骑行的距离。而健美运动员通常以**次数**、**组数**来衡量自己的训练量。

对于自行车运动员而言，训练量可以用距离来衡量。

图中的训练者正在做一组深蹲动作。

次数：指的是完成同一训练动作的次数。因此，做一个深蹲动作指的就是深蹲训练的次数为一次。

组数：指的是在多次休息之间重复一个动作的组次。如果你在完成 7 个深蹲动作后休息一会儿，接下来再做 7 个深蹲动作，那么就说这个动作做了两组，每组重复 7 次。

动作：指的是你正在进行的训练，如深蹲、弓步、俯卧撑、侧举等。

训练强度

训练强度有多种测量方法。在力量型运动中，心率可以体现训练强度。我们会根据训练者的年龄和性别评估其最大心率值，然后由训练者自行决定希望通过训练达到该值的百分比，接着我们会用心率监测仪来监控训练强度。

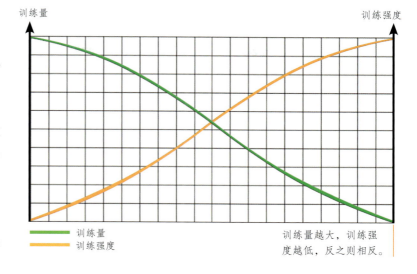

训练量

训练强度

— 训练量
— 训练强度

训练量越大，训练强度越低，反之则相反。

最大重复次数

这里是指训练者以所能承受的极限负重完成一组固定训练动作的次数。如果你希望以80%的强度做卧推动作，并且你知道自己一次最多能举起100千克的负重，那么80%的强度指的就是80千克的负重。

除了训练的初始阶段外，其他时候想要同时增加训练量和训练强度将会是比较复杂的事情，因为大训练量与高训练强度不可兼得。因此，一个马拉松爱好者持续

不断地跑上数小时后，他的训练量已经非常大，但若要求他一直保持30千米/小时的速度跑上数小时，则不是件易事。同样，短跑运动员能以大于30千米/小时的平均速度轻松跑完100米，这是高强度训练，但要如此连续跑上3小时，那绝对是不可能的任务。

该道理同样适用于健身运动。如果一个健身爱好者想要锻

炼自己的胸部肌肉，他可以选择以85%的强度完成3组动作，每组重复10次，这相对而言是比较小的训练量；他也可以做25组，每组20次，不过强度若不降低的话，这项训练就可能很难完成。当然，这些都是较为极端的例子，我们只是希望通过它们来说明训练量和训练强度之间的关系。

训练原则

根据米勒的定义（1997年），训练原则指的是"对训练活动进行的分层分级指引"。因此，它们更多地用于规划训练的大致方向，而非制订具体的指导方案。也就是说，它们是以科学为基础的通用标准，在规划训练日程时可供参考。

本书的重点是健身训练，所以我们会选择最具代表性的原则，而非依赖某一位作者的理论。我们会将这些原则整合在一起并运用到实际的健身训练中去。

训练者以52千克的负重进行卧推训练，强度大概是43%，所以这位训练者卧推的极限负重是120千克。

特异性原则

如果你专注于改进自己的训练，你的效率就会稳步提高。当你为自己设定了一个较高的目标时，就需要在每次训练时集中强化日常训练中最重要的能力和素质。这一原则特别适用于那些追求卓越或在某一特定方面具有较高水平的训练者。

所有训练者在开始训练前都必须打好扎实的基础，练习不同的技巧，锻炼多方面的身体素质，从中获取未来训练所需的能力，促进今后的成长和发展。

当你有了一定的基础后，就应该把精力集中在提升特定的技巧和能力上，挖掘自己最大的潜能，争取在该领域达到最高水平。若此时将注意力分散在其他的训练上，则很可能得不偿失。

男子七项全能运动员就是一个很好的例子。他们必须精通 7 个项目：60 米跨栏、60 米短跑、1000 米长跑、跳高、跳远、铅球和撑竿跳高。在这些方面都取得优异成绩的运动员才算得上全能运动员。但是，如果将这些项目分开来，要求全能运动员逐一同该领域的专业选手竞争，那么最后的结果很有可能是他会在每一项上都败下阵来。

从能力上来说，七项全能运动员的运动能力可能比铅球运动员更加全面，但在铅球这个特定领域，他想要击败专业运动员，则非常困难。

在力量训练方面，综合性训练到底是大有裨益还是适得其反，这样的争论从未停歇。有氧运动是一种竞争性运动。人们普遍认为，将有氧运动引入肌肉型训练者的日常训练中，往往会带来消极的后果。这在一定程度上是正确的，因为大多数关于该主题的研究表明，有氧运动以80%或更高的强度进行时，能够增加肌肉质量。该效果在未受过训练的群体中尤为明显。此外，众所周知，在高强度的有氧运动后，某些合成代谢标志物的含量也会显著增加。

另外，按照这个观点，我们可以合理推断，长此以往，单一的肌肉（无论是从自身的纤维类型还是从新陈代谢上来说）都无法很好地适应有氧运动。因此，我们似乎可以得出这样的结论：希望取得优异成绩的训练者必须在不同类型的训练中不受干扰地进行锻炼。

实用性建议：鉴于缺乏足够的数据表明有氧运动会对发达的肌肉产生负面影响，并且考虑到这种风险可以通过进行少量的高强度训练降到最低，因此，我们不建议你取消该类型的运动。你也应该意识到有氧运动同样能给身体带来多重好处。可行的方案是在增肌训练后进行短时间的有氧运动，或者进行约30分钟的单项训练。

一位非竞技型运动员在进行力量训练时，也应该将有氧运动纳入日常训练中来，作为增肌训练的补充。

超负荷原则

训练必须给予身体足够的刺激才能产生适应性反应，但同时要避免身体因过度疲劳而受到损伤，无法恢复。如果训练的强度不够，那么对训练者的促进作用微乎其微；但若训练过度，则会恶化他们的整体状况。所以，我们需要的是恰当的刺激。

阿诺特和舒尔兹的阈值定律表示，为了让刺激能够引起训练者机体的调整或改善，它必须超过一定的水平或者阈值，而这个水平或者阈值取决于每个训练者的个体特征。低于这一水平或阈值时，刺激方案将不会产生任何效果。另外，所有的训练者都有一个最大耐受值，一旦刺激超过该限度，势必给机体带来压力。如此一来，训练者的状态下滑，受伤的风险将增大，他们甚至有可能放弃这项训练。

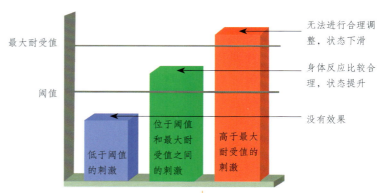

刺激不够无法改善身体机能，过度刺激则会损害训练者的身体。

过度训练会影响运动员的赛季表现，甚至毁了他的一整个赛季。

如果一个竞技健身运动员正在锻炼他的肱二头肌，那么每组重复 6 次的推举动作是不可能对他的肌肉起到任何改善作用的。但如果用杠杆举起 50 千克的负重，做 32 组，每组 18 次，则很有可能造成运动损伤，或导致他的手臂半个月都无法动弹。低强度的训练给予身体的刺激不够，过度的训练又会伤害身体，所以我们必须找到其中的平衡。

每个健康的人都处于一定的平衡状态，我们在下图中用直线来表示。我们发现，若训练对身体的刺激不足，则无法带来显著的状态提升，最终往往会回归到原来的水平。

训练负荷不足导致训练达不到既定效果。

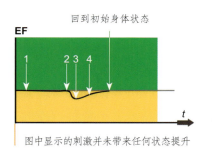

回到初始身体状态

图中显示的刺激并未带来任何状态提升

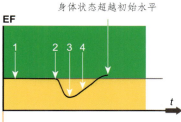

身体状态超越初始水平

足够的刺激提升了训练者的身体状态

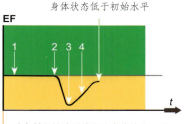

身体状态低于初始水平

过度刺激导致训练者的身体状态下滑

EF：身体状态
t：时间
1：初始身体状态
2：施加训练负荷
3：受到负荷影响后状态下滑
4：恢复

温馨提示：由于训练负荷是由训练量和训练强度决定的，我们将具体阐述如何利用这些参数达到最佳的训练效果。

训练量：科学研究表明，对新手而言，增强肌肉的最佳训练量是3~8组，每组重复动作6~12次，同时还应时刻考虑到这些次数之间的微小差异。高水平训练者则相应地需要更大的训练量。

为了达到最佳效果，动作重复的速度应为每次1~6秒，并且相对于肌肉拉伸运动，肌肉在收缩时重复的速度会更快。此时足以产生充分的代谢压力（表现为肌肉肿胀、充血或产生灼烧感），而这也正是实现增肌的关键要素之一。

训练强度：训练强度一定要大，一组动作重复6~12次后，往往会致使肌肉疲乏，在机械张力足够高的前提下，这能大量修复肌纤维，从而促进肌肉增长。

超补偿原则

当承受外界压力时，身体会自然地进行调整，以便达到比先前更高的水准。当我们让身体承受一定的训练负荷时，身体的反应并不只是为了恢复，它还试图超越以往的状态，为下一次训练做好准备。我们将这种现象称为"超补偿"。

超补偿原则同超负荷原则有着共通之处：为了实现超补偿，身体所接收到的刺激强度既不可过大，也不可太小，要刚刚好。这正是身体在承受连续训练负荷时的应对机制，每一次的状态都会得到提升。该原则也和运动原则中的第四点——连续性原则相关联（在接下来的章节中会有所提及）。

假设我们没有准备就去参加考试，结果很可能就是挂科。在补考之前，我们会仔细研究并改进准备工作，以确保能顺利通过考试。身体亦是如此：它接受刺激，并以最佳的状态迎接下一个挑战。

训练者在一次训练之后并不会有明显的提高，因为短期训练缺乏足够的超补偿。只有当这些过程彼此联系时，训练者的运动水平才会得到明显提升。

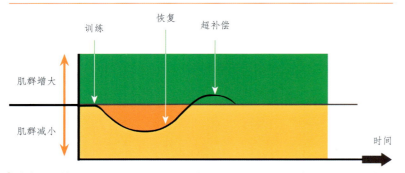

在每一次刺激过后，身体的状态会有一定的下滑，然后开始恢复，最后这个恢复期会延长，直到训练者的运动水平超过原先的水平。

将超补偿的整个过程串联在一起才可能改善身体状态，提升运动水平。

连续性原则

训练需要不断重复，而且准备的过程要连贯、不间断，这样身体的状态才会得到显著提升。如果你在训练一段时间后就接连休息了 3 个星期，那么从超补偿中获得的好处会随着时间而逐渐消失，你又会重新退回到最初的状态。进步需要通过不断的训练来进行巩固，日积月累才能发生质的变化。

连续性原则要求训练者每天坚持训练，由于成效并非立竿见影，很多年轻训练者会因此而轻易放弃。事实上，训练的效果要在几个月的努力训练后才能显现，而且会在几个星期的休养后逐步消失。这就是为什么连续性对于状态的提升和保持有着至关重要的作用。

身体会最大化地利用资源，对于无用或耗费精力的事物，则尽量避而远之。所以，肌肉发达的训练者为了保持肌肉的力量，每周都会进行举重训练。一旦停止训练，肌肉将立刻被"打回原形"，因为要维持强壮的肌肉需要付出大量的精力，没有足够的训练量是无法维持这种状态的。

腿部受伤打石膏，几个星期无法动弹时，也会发生同样的情形。石膏拆除后，由于长期未活动的原因，这条腿的肌肉含量将明显低于另一条腿。

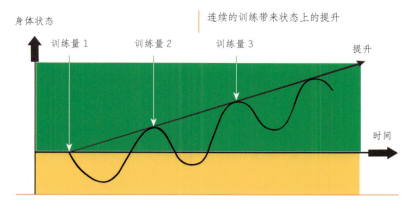

连续的训练带来状态上的提升

身体状态 | 训练量 1 | 训练量 2 | 训练量 3 | 提升 | 时间

温馨提示：同一块肌肉的推荐训练频率是一周两三次，并且以在一个项目中能锻炼到多处的肌肉为宜。但是资深训练者的训练日程有明确的划分，因此针对某一处肌肉的训练频率一般是一周一次，但训练强度较大。

只有那些在训练上坚持不懈的训练者才能获得最佳的效果。另外，他们在训练期间（无论是几个月还是数年之久）需要保持合理的饮食和充分的休息。

渐进性原则

为了避免训练效果停滞不前，训练者会定期增加训练负荷。如果每次的训练量都没有变化，收到的成效就只能维持一段时间。当身体逐步适应这样的训练量之后，进步会放缓甚至停止，接着就进入了艰难的瓶颈期。为了不断提升状态，你必须依据身体状况的变化不断调整刺激强度。

训练负荷主要由训练量和训练强度决定，为了增加训练负荷，可以强化其中的任何一项，或者同时加大二者。但务必记得，每次都应循序渐进，不要急于求成。通常我们倾向于从增大强度开始，这也就意味着要改变负荷的绝对值，但保持最大重复次数不变。

另一种方法是通过增加训练量来增加训练负荷。你可以在训练日程上加入更多组数的训练动作。

新手可以从较轻的负荷开始，以最大重复次数所对应的极限训练量的 80% 进行训练。随着训练阶段的逐步递进，肌肉变得更强有力，如果以同样的训练负荷进行计算的话，每次的训练量就会降低。因此，为了保证 80% 这个比例，运动员应该增加训练负荷，保持足够的训练强度。

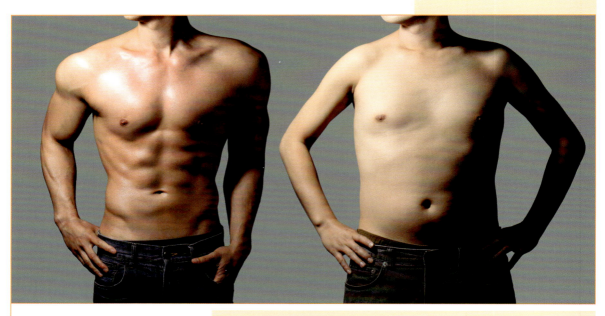

图中显示的是同一名训练者的状态在为时一年半的力量训练前后的对比。很明显，现在的训练中的负荷和一开始时相比已经有了巨大的变化。

温馨提示：为了确保训练强度，应将每组动作重复 6~12 次，以达到肌肉疲乏的状态。如果无法连续做够 6 组，那么很有可能是强度过大；如果轻而易举就超过了 12 组，那么说明动作的难度还不够。

进步永远不是处于直线上升状态，当达到某个阶段时，难免会遇到瓶颈期。此时可以将大负荷的训练和相对轻松的训练结合在一起进行，从而取得意想不到的效果。

恢复原则

任何训练都需要一定的休整和恢复期，以便身体调整到最佳状态。也就是说，在每一次增加训练负荷后，身体都需要适当的恢复，以便实现超补偿。

这一原则理解起来非常简单，也就是我们常说的过犹不及，不论是从训练量还是从训练时长上来讲都是这个道理。

如果同一肌群在训练时或训练期间无法得到足够的休息，很可能就会导致过度训练、慢性疲劳、表现下降、疼痛、反复受伤、防御能力降低等后果。

但是，过长时间的休整又会致使运动水平下降，因为此时我们的身体处于低能量消耗状态。

一名马拉松运动员可以连续跑上 20~30 千米依旧保持非常好的状态。但是，如果他每天跑 3 组 30 千米，而且从不休息，那么他的身体很快就会很快垮掉。

缺乏足够的休息，身体无法得以恢复，最终导致长期疲劳和运动水平下降。

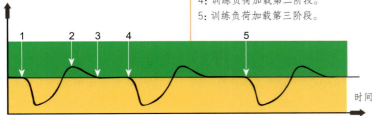

在训练间隙如果没有进行足够的休息，身体状况就会直线下降。
1：训练负荷加载第一阶段。
2：训练负荷加载第二阶段。
3：训练负荷加载第三阶段。
4：训练负荷加载第四阶段。

身体机能

通过训练得以提升的身体机能会因过长时间的休整而下降。
1：训练负荷加载第一阶段。
2：进行下一阶段训练的最佳时期。
3：身体机能下降，回到初始状态。
4：训练负荷加载第二阶段。
5：训练负荷加载第三阶段。

时间

温馨提示： 对于推荐的训练负荷，同一肌群在每次训练后最好空出 48~72 小时的休息时间；资深训练者的训练负荷更大，需要更多的休息时间，最长可达 6~7 天。在不同的训练项目之间留有适当的休整时间也是十分必要的，增肌训练的休息时长为 60~120 秒，力求达到代谢应激和机械紧张之间的平衡。

多样化原则

训练计划、强度、训练量和其他相关参数的适度变化，能够有效地激发训练者的潜能。在可接受的范围内，这些变化能刺激身体，帮助身体去适应不同的训练程序，从而使运动水平不断得到提升。

如果你总是进行相同的训练，甚至训练次数、重复数量以及持续时长都一模一样，那么你的身体很快就会遇到瓶颈，因为身体习惯于这样的训练强度而无法得到进一步的发展。

在训练中引入一些细微的变化（比如角度的不同、压力时长的改变）能帮助你适应不同的刺激，从而避免枯燥乏味的单调训练，提高你运动的积极性。

关于这些变化，我们建议有规律地进行，这样才不至于迷失目标，并能有效比对该运动项目中的进步参数。

卷腹动作中微小的角度变化就能带来巨大的好处。

训练角度、动作、握力、速度、姿势乃至其他方面的规律性变化都能有效地刺激肌肉，从而达到增肌效果。

温馨提示： 新手往往需要一些时间来理解某些训练项目中的运动模式和相关技巧，从而真正掌握实用技能。因此，在引入适度变化前，我们建议一项训练的常规持续时长为4~8个星期。当然，对于那些在技巧上已经驾轻就熟的资深训练者而言，即使几个月没有训练，也足以完美地呈现常规动作，甚至能迅速适应频繁的动作变化，充分利用多样化的运动原则。尽管以前我们曾建议在运动时尽量做到最大幅度或最大的关节活动度（ROM），但适当的角度变化和不同的重复次数也会对训练带来积极的影响。

个性化原则

一般的训练计划通常适用于健身房里的大多数训练者，哪怕他们的身体素质差别很大，但这并不是什么糟糕的事情，因为常规训练对于 90% 的训练者尤其是新手而言，或多或少会有一定的积极影响。

当一名中等水平或更高水平的训练者遭遇训练瓶颈时，微妙的细节部分开始变得至关重要，因此训练需要进行个性化的调整。哪怕是两个共同训练了将近 3 年的搭档（他们以前所有的训练项目都是一样的），也需要在适当的时候开始进行个性化的训练。也许其中一人只需要 48 小时就能从腿部训练中恢复过来，而另一位则需要 72 小时。又或许一人在针对某个肌群的训练中只做 6 组动作就收到了很好的效果，但另一个人则要做 8~9 组。同理，每一组动作重复的次数和速度，甚至是动作之间的停顿时长也都是因人而异的。

> **温馨提示：** 每个人都可以从常规训练开始。但是，随着你的水平不断提升，你势必需要调整训练方案来满足个人发展的需求，以获得进一步上升的空间。通过仔细观察训练者的进步并进行有规律的周期性试验，我们得以了解对于个人而言什么是最有效的训练模式。

在第一阶段的训练中，常规的训练流程能服务于大多数训练者，帮助他们获得相对积极的效果。

为了取得进步，不同的训练者需要的训练类型也不尽相同。

收益递减原则

无论训练者的经验和基础水平如何，通过连续的训练，都会迅速取得进步。但随着身体状况和运动表现的改善，接下来这些方面的提升速度都会有所减慢。当训练者愈发接近自身的最大潜能时，进一步提升的难度将更大。

你可能对某一个训练计划感到非常满意，因为在刚刚起步的阶段获得的效果最为显著。随着肌肉变得强而有力，你需要更为完善的训练计划和技巧。但即便如此，肌肉的增长速度还是会逐渐减缓，所有的进步都是间歇性的。

这种情形可能发生在停滞期和身体状况暂时下滑的时候，特别是在你的运动能力已经上升到极高的水平，甚至接近自己的最大潜能时。这是非常正常的情况。因此，适当改变自己的训练模式和日程，有可能会带来意想不到的收益。

如果你是运动员，你就会竭尽所能去发挥自己的最大潜能，但这个目标有时很难明确定义，所以在你没有获得进步的停滞期，千万不能因此而迷失，放弃追求进步的愿望。如果你能坚持下来，哪怕目标暂时不够清晰，你也会成为一名出色的运动员。

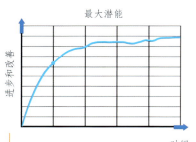

当训练者接近自身的最大潜能时，他的进步就会放缓，需要付出更大的努力。

温馨提示：当你发现即使通过极为刻苦的训练并配合严格的饮食方案和规律的休息也无法取得任何进步，甚至身体状态还出现了下滑，此时最好的选择就是适度改变训练日程，或者休息一段时间。休息时长为1~2个星期不等，通过暂时中断训练让身体得到充分的恢复。

最出色的运动员是那些在困难时期也能坚持不懈、迎难而上的人。

重要数据回顾

除了训练原则，每个进行力量训练的训练者在设计训练计划时还必须考虑以下 3 个要素：机械张力、肌肉损伤和代谢压力。在接下来的章节中，我们会回顾一系列实用建议，帮助训练者从中获得最大收益。

机械张力是促进肌肉增长的重要因素，需要训练者进行高强度的训练。

代谢压力

肌肉训练会产生代谢压力，特别是在进行阻力对抗时，肌肉在短时间（完成一组动作所需的时间）之内需要消耗很多的能量。

无氧糖酵解会产生特定的副产品并堆积在肌肉中，从而促进能量的传输。这种环境产生了显著的合成代谢反应，特别是当这些副产品无法有效地通过血液排出，导致血管收缩，使血液回流变得愈发困难时。为了更好地利用代谢压力，我们提出以下建议。

● 高水平训练者进行肌肉训练时，最好完成 3~8 组甚至更多。

● 每次重复必须持续 1~6 秒，离心训练的速度要比向心训练的速度缓慢一些。

● 组间休息时间不应过长（60~120 秒）。

机械张力

机械张力经过耐力训练产生，是促进肌肉增长的主要因素。机械张力对于增肌的作用主要取决于训练的时长和强度。因此，

我们必须在训练时间和应用阻力之间找到平衡。为了最大限度地发挥机械张力的作用，我们提出以下建议。

● 训练量为最大重复次数所对应的极限负重的 80%。

● 避免在每组动作之间尤其是长时间训练后只进行非常短暂的休息，因为这将不利于负重管理，而且会造成机械张力的减小。

● 除非是在恢复阶段，否则每次训练应尽量达到肌肉力量的极限。高强度的训练以及完成时间超过 25 秒的一组动作都有助于激活更多的肌纤维。

肌肉损伤

高阻力的训练会造成肌肉损伤，即肌肉组织因为训练而受损。这是正常现象，并且这种现象会带来肌肥大效应。这在高水平训练者身上表现得尤为明显。为了更好地利用这一要素，我们提出以下建议。

● 运动导致的肌肉损伤可以促进组织自身的恢复和加强。尽管如此，你还是应该在针对同一肌群的训练间隙进行适当的休息；对于训练负荷较大的高水平训练者而言，休息时长为 48~72 小时甚至更长。

● 过度的肌肉损伤会对训练产生负面影响，因此要尽量避免长时间训练和过度训练。

制订训练计划

制订训练计划的方法多种多样，有的利用表格或者纯文字进行展示，有的搭配图片、照片甚至视频，下面详细介绍具体的操作方法。

当然，计划本身的内容以及周全细致的考虑才是最为重要的因素。哪怕内容本身极具吸引力，这也绝对与它的质量和适用性毫无关系。

一般来说，整个计划应该涉及几天的训练量，并且每天都会侧重锻炼不同的肌肉或肌群。如果你打算一个星期至少锻炼到每块肌肉两次，那么在每一次的训练中，你都必须安排针对多组肌肉的动作。但这并不意味着你可以先锻炼某一块肌肉，然后开始做下一组，再重新回到第一组，以完成每个星期两次的目标。这种做法毫无意义，因为这代表着你的整个训练计划被硬性切分成了两半，此时虽然便于进行重复，但会导致训练流程中断，缺乏足够的成长刺激，无法取得最佳效果。但是，如果你可以针对两组肌群进行交替训练，其实就可以同时锻炼到这两个肌群。

如果需要锻炼胸部肌肉的话，则可以做各种不同角度的俯卧撑，然后在休息时做引体向上，接着重复整个过程，完成系列动作，从而达到在锻炼某一组肌肉的组间歇锻炼另一组肌肉的目的。

视觉上最引人注目的计划未必是最好的，特别是当它只是用于动作示范时。

		指示说明
		逐步增加负重
		肩部不要打得很大大
		逐步增加负重
滑轮交叉	4 16—14—14—12	
椭圆机 / 有氧单车	1 h	逐步加大强度
第 2 天		
肩部推举机	4 14—12—12—10	
史密斯健身器肩上推举	4 12	
滑轮交替侧平举	4 14	
器械平举	4 14—12—12—10	
卷腹机	4 16	
杠铃片负重卷腹	4 14—12—12—12	
抬腿翘臀	4 12 a 14	
椭圆机 / 有氧单车	1 h	逐步加大强度
第 3 天		
史密斯杠铃弓步蹲	5 12—12—10—10—8	
腿部屈伸	4 12 a 14	
上斜腿举	4 10 a 12	
硬拉	4 10 a 12	
杠铃深蹲	3 10	背部挺直，选择较轻的负重
俯身腿屈伸	4 14	
腿部倒蹬	6 máximas	
椭圆机 / 有氧单车	1 h	逐步加大强度
第 4 天		
斜杆弯举	4 12	
肱二头肌集中弯举	4 12—10—8—6	
拉式弯举	4 12	
屈臂下拉	4 16—14—12—10	
背阔肌拉伸	4 12	
臀大肌拉伸	4 12	

利用锻炼某一组肌肉的组间歇来锻炼另一组肌肉，这是非常有效的方法。

交叉锻炼不同的肌群是省时高效的方法，尤其是当你打算锻炼相对的两组肌肉时，这种做法非常值得推荐。我们建议，在进行交叉锻炼时，涉及的肌群要有所区别，后一组锻炼的肌肉不可和前一组锻炼的肌肉重复。

例如，如果你正在锻炼背阔肌，则不要把它和肱二头肌的锻炼结合起来，因为大多数背部动

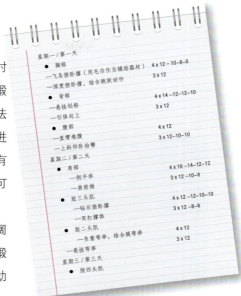

星期一 / 第一天	
● 胸部	4 x 12 – 10 – 8 – 8
—飞鸟俯卧撑（用毛巾作为辅助器材）	3 x 12
—深度俯卧撑，结合跳跃动作	
● 背部	4 x 14 – 12 – 12 – 10
—悬挂划船	3 x 12
—引体向上	
● 腹部	4 x 12
—直臂卷腹	3 x 12 – 10 – 10
—上斜仰卧抬臀	
星期二 / 第二天	
● 肩部	4 x 16 – 14 – 12 – 12
—侧平举	3 x 12 – 10 – 8
—肩前推	
● 肱三头肌	4 x 12 – 12 – 10 – 10
—钻石俯卧撑	3 x 12 – 8 – 6
—双杠撑体	
● 肱二头肌	4 x 12
—负重弯举，结合腿弯举	3 x 12
—悬挂弯举	
星期三 / 第三天	
● 股四头肌	

如果先锻炼肱三头肌，你就无法完成胸部的推举动作。

作都需要运用肱二头肌，这样它们就无法得到足够的恢复，也不能很好地配合背部的锻炼动作。胸部和肱三头肌亦是如此。

如果为了锻炼一块大肌肉，你加入了诸如飞鸟和屈曲等单关节和双关节动作，那么当你应该先做单关节动作时，最有力的肌肉（胸大肌）会先疲劳，这样就必须防止较弱的肌肉（肱三头肌）限制接下来的双关节动作。

我们建议你在制订训练计划

时考虑以下方面。

● 训练天数或项目。

● 每个项目锻炼的肌群以及具体的操作安排。

● 每次训练的组数以及每组的重复次数。

● 在开始前，务必要有几分钟的热身时间，一组或两组动作要大量重复，同时还要针对每组肌肉进行低阻力的特定热身，但是这些不必在书面计划中体现出来。

如果你先锻炼肱三头肌，然后做胸部动作，那么肱三头肌将很难配合推动胸部的锻炼，因为它已经开始疲劳了。同样的情况也会发生在你先锻炼肱二头肌后进行背部锻炼的时候。

合理饮食

合理饮食是训练者最好的帮手，其中的关键就是调整饮食，以适应你的生活方式和你正在进行的训练类型。运动员以及那些身体消耗比常人大得多的人的营养需求与久坐不动的人相比有着天壤之别。所以，合理饮食必须满足个体的能量需求，帮助其实现自己的目标。

人体每天需要大量摄入 3 种营养素，即蛋白质、碳水化合物和脂肪。它们在每餐中的数量、类型和彼此之间的搭配是决定肌肉增长的关键因素。

蛋白质

每克蛋白质含有 16 千焦热量，但身体"偏爱"碳水化合物和脂肪作为其能量来源。然而，特别是对于肌肥大的运动员而言，蛋白质有一个非常重要的功能：构成身体组织。如果没有足够数量的蛋白质，身体就无法产生和构建新的组织。此外，蛋白质还具备许多其他功能，例如调节激素水平，保护或防御，进行化学反应，传递信号等。

为了实现健康的饮食，你的身体必须达到一系列参数指标的要求。

蛋白质是由氨基酸组成的。氨基酸有数百种，但只有 20 种参与构建肌肉组织的过程，所以我们必须要有获取它们的途径。

有 9 种必需的氨基酸是人体无法自行合成的，因此，我们必须通过饮食获得。而那些非必需的氨基酸可以通过由自身合成，无须外部摄入，除非所需的量超过身体可合成的量。

必需的氨基酸	非必需的氨基酸
异亮氨酸	丙氨酸
亮氨酸	精氨酸
赖氨酸	天冬酰胺
甲硫氨酸	天冬氨酸
苯丙氨酸	半胱氨酸
苏氨酸	谷氨酸
色氨酸	甘氨酸
缬氨酸	脯氨酸
组氨酸（主要是儿童）	丝氨酸
	酪氨酸
	谷氨酰胺

仅仅摄取蛋白质远远不够，你还必须考虑摄入的蛋白质的数量、品质及其在一天中的分配情况。

品质

有 9 种必需的氨基酸是我们的身体不能自行合成的，必须通过饮食摄入，而这些氨基酸并不存在于所有的蛋白质中。动物蛋白（除去极为个别的特例）都是非常完整的，也就是说它们含有所有人体必需的氨基酸。相对而言，植物蛋白则不够完整。

如果你选择通过膳食补充来获取蛋白质，那么在所有的饮食安排中都应采用相同的参数。蛋白质的来源将决定它是否完整。

数量

一个久坐的人每日所需蛋白质的推荐摄入量为每千克体重 0.8~1 克。那些从事体力劳动的人的需求量会更大。

一个健美运动员每天的蛋白质推荐摄入量为每千克体重 1.7~2.4 克，以满足他作为一个健美运动员的特殊需要——促进肌肉增长。

尽管如此，一些特定的因素也会影响蛋白质需求的增加或减少。

> **温馨提示**：尽量确保每顿饭摄入的蛋白质都是动物性的，包括奶制品和鸡蛋。来自植物的食物并不包含人体必需的所有氨基酸，尽管它们可以混合在一起相互补充，但这需要提前进行饮食规划。

动物蛋白含有人体必需的所有氨基酸。

年轻训练者自身就具备足够的蛋白质来维持他们的训练，因此在摄入量上可以参考最低值，但随着年龄的增长，身体对蛋白质的利用效率可能会降低，因此，年长一点儿的训练者必须摄入参考范围内的最高值。

当然，还值得强调的是，随着时间的推移，经验丰富的训练者的身体会逐步适应他们的常规训练活动，因此，蛋白质的利用更加高效，所以摄入量可以相应减少。

最后，为了降低体脂率，训练者倾向于选择低碳水化合物饮食。但为了避免肌肉流失，我们推荐摄入的蛋白质应为每千克体重 3 克。

温馨提示：建议进食频率为每 3~4 小时吃一顿，每天 5 顿，合理控制进食量，保证身体所需的营养素。

每天安排 5 顿清淡均衡的饮食，这会在必要时提供给你所需要的一切营养。

在低热量饮食阶段，为了降低体内脂肪含量，蛋白质的摄入量会稍多一些。

频率

如果我们把每日所需的蛋白质平均分配到一天的饮食中，每隔几小时就摄入一次，那么对蛋白质的利用就会更有效率。这将保证蛋白质的持续输入，以满足身体的需要。

经过一段时间的训练后，身体需要几小时的恢复时间，整个过程应该是持续和缓和的，所以仅仅依靠运动后摄入的蛋白质是不够的，必须每隔几小时就进食一次。这不是蛋白质独有的特征，其他的营养素也是如此。少食多餐比一次性摄入大量食物更有效。

碳水化合物

碳水化合物和蛋白质一样，每克含有 4 千卡热量，不同之处在于它的主要功能是供给能量。碳水化合物可以为我们的日常活动提供能量，并以一种非常重要的方式帮助身体进行塑形。

低碳水化合物饮食会大大降低训练者的表现，甚至在他还没察觉时身体就已经出现虚弱和疲劳现象。因此，我们建议一日5 餐中的每一餐都应摄入足量的碳水化合物，以达到最佳的训练效果。

另外，不同形式的碳水化合物可能对身体产生不同的影响。例如，以全麦面包的形式摄入 10 克碳水化合物并不等同于摄入同等数量的精制糖。

血糖生成指数

我们可以通过检测血糖水平和胰岛素水平，衡量摄入的食物对身体的影响。食物中碳水化合物的数量和结构并不能完全决定食物中碳水化合物的含量，但它们是必须考虑的因素。如果我们突然摄入了一种会大量提高血糖水平的食物，将导致胰岛素水平失衡（要等到血糖水平正常后才会得以恢复）。胰岛素的功能是使血糖进入细胞，以满足它们的能量需求。

当能量输入远大于这些细胞的能量需求时，问题就出现了，因为这些多余的能量会以脂肪的形式储存在身体里。

当你没有额外的能量需求时，我们建议你选择富含碳水化合物的饮食，并优先选择那些血糖生成指数（GI）较低的食物。

因此，高 GI 的食物（如糖）比低 GI 的食物（如黑面包）更容易导致体重增加，哪怕你摄入的是相同数量的碳水化合物。

另外，低 GI 的食物能维持血糖水平，防止血糖水平突然升高。因此，胰岛素水平也相对稳定，能量能以一种平稳且可调节的方式输送到细胞中。这种连续的能量流以较低的速度传递给细胞，因为细胞会消耗能量，从而避免多余的脂肪储存在组织中。

不过，在极少数情况下，我们也需要进食高 GI 的食物。举例来说，在一个令人筋疲力尽的训练过程中，肌肉中储备的糖原已经大大减少，最重要的是，如果你打算在同一天再次进行训练，你就可以吃一些高 GI 的食物，比如煮土豆、速食米饭、香蕉和红薯。这能提高胰岛素水平，并迅速补充肌肉中的糖原储备。如果此时再吃一些富含蛋白质的食物，将为身体打造一个完美的合成代谢环境，加速体能的恢复。

高 GI 的食物更容易在人体内形成脂肪。

温馨提示：每餐都应摄入适量的碳水化合物，可以选择那些低 GI 的谷物，如用全谷物制作的食物。

高 GI 的食物可作为偶尔的嘉奖，也可在非常苛刻的训练后饮用相应的饮品。

训练后宜多吃富含碳水化合物和蛋白质的食物，以加快恢复。

脂肪

每克脂肪含有 9 千卡热量，虽然利用效率不能确定，但这也意味着在能量供给方面，脂肪的贡献比蛋白质和碳水化合物大得多。它起到了储备能量的重要作用，同时还能隔离和保护内部器官，甚至可以在血液流动过程中中帮忙运送一些维生素。一般的饮食中通常都包含脂肪，但一定要将其控制在合理的范围内。我们必须学会区分 3 种不同类型的脂肪酸。

饱和脂肪酸

一般来说，饱和脂肪酸通常都"藏"在动物脂肪中，在室温下呈固态，如黄油、猪油和奶油。有些饱和脂肪酸也来源于植物，如棕榈油。但我们并不推荐这类脂肪酸，所以应尽量避免食用，因为它会导致体重增加，长期来看还会增加患新陈代谢和心血管疾病的风险。不过中链甘油三酯（以下简称 MCT，如椰子油等）是个例外，因为它的代谢方式不

黄油
饱和脂肪酸

同，适量食用是可取的。

单不饱和脂肪酸

它通常来自植物，在室温下呈液态。虽然大量摄入这类脂肪不是一个好主意，但是它是健康的，而且在高温下具有稳定性。因此，在煎炸食物时，最好使用含单不饱和脂肪酸的油，如橄榄

橄榄油
单不饱和脂肪酸

葵花籽油
多不饱和脂肪酸

榄油。

多不饱和脂肪酸

这种物质存在于植物和动物性食物中，在室温下呈液态，是健康的脂肪酸。欧米伽 3 和欧米伽 6 脂肪酸除了保护心血管系统外，还可以降低低密度脂蛋白胆固醇和体内饱和脂肪酸的水平。

相对于其他脂肪酸，多不饱和脂肪酸更健康，只是不耐热，所以葵花籽油可以用来做沙拉酱，但不适合煎炸食物。

温馨提示：我们每天都必须摄入脂肪酸，因为身体机能的正常运作需要它。我们建议你选择多不饱和脂肪酸（如葵花籽油，可直接食用）和单不饱和脂肪酸（如橄榄油，烹饪时需加热，适合煎炸食物），可偶尔食用饱和脂肪酸，但应避免经常食用这类脂肪酸。

训练

接下来，我们将向你介绍一些训练项目。通过这些项目，你无须借助任何设备或者只需要非常简单的器材就可以增强肌肉力量。当然，我们所介绍的不过是众多训练项目中的一小部分，但是你可以选择这些项目来锻炼全身所有的肌群，其难度可以调整，动作也有各种变式。因此，无论水平高低，所有的训练者都能找到最适合自身的训练方法，掌握自己的训练进度。每个人都可以选择最符合自己身体素质和经济能力的训练模式。请记住，事物总是因人而异的，对一些人有效的方法有可能在其他人身上产生不同的影响。

同时，你还可以自行修改书中的训练项目，并设计合理、安全的新动作。当你熟知每块肌肉的功能及特性，了解了肌肉训练的基本原则后，就可以开始制订自己的训练计划了，并根据自己的需要和对训练的反应定期进行修改。你可以批判性的眼光对训练项目和训练计划进行观察、测试、选择、修改和调整，最终获得对自己作为训练者时最全面的认识。

我们建议你可以试着遵循一般的训练原则，用多样化的方式进行训练，避免懈怠和停滞不前。当你认为自己已经准备好独立训练时，可以回顾一下我们所介绍的训练项目，过一段时间后做那些你可能已经忘记的动作，同时严格完成那些因方便或习惯而成为计划中必不可少的内容的项目。

俯卧撑

这 是无器械力量训练中最为人熟知的一项。多年来，不同类型的训练者都一直在做这套动作，同时发展出了许多变式，从而使它的难度等级有了不同的变化。

准备姿势

动作指引

脸部朝下，手掌平置于地面，放在胸部两侧，但不能碰触胸部。同时用脚尖抵住地面，保持背部和腿部伸直，身体与地面平行，并尽可能地接近但不接触地面。以这个准备姿势开始，伸直肘部，抬高身体，使胸部远离地面。

肌肉强度

7

斜方肌

三角肌
（前部或锁骨部位）

肱二头肌

胸大肌

肱桡肌

旋前圆肌

肱二头肌

肱三头肌

桡前旋前腕肌

掌长肌

拇长展肌

拇短伸肌

肱桡肌

肘肌

桡侧腕长伸肌

桡侧腕短伸肌

指伸肌

拇长展肌

尺侧腕伸肌

拇短伸肌

动作变式

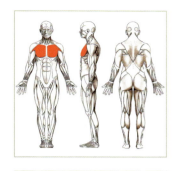

技巧提示

● 躯干和下肢必须伸直。
● 肘部和肩部尽量固定。
● 尽量放低身体，但不要借助地面来支撑体重。

▬ 简易版变式

如果一个正常的俯卧撑对你来说也有难度的话，则可以尝试用膝盖而不是脚尖来支撑身体，当然最好是在垫子上完成。该变式降低了训练难度和强度，等你准备好了以后，再过渡到传统的俯卧撑。

准备姿势

完成姿势

准备姿势

✚ 进阶版变式

如果你想进入下一个难度等级，则可以试着只用一只手完成俯卧撑。因为这个变式更加复杂，所以我们建议你分开双脚，以保持身体的平衡。

完成姿势

悬挂俯卧撑

悬挂装备近年来非常流行，作为训练时的辅助器具，其为训练提供了多种选择。虽然它们的价格并不高，但我们仍然可以更低的成本制造自己的装备。比如，用来捆绑重物的尼龙带就是一种廉价、坚固和耐用的替代品，它一般能够承受 100 千克以上的负重。

准备姿势

+

9

−

肌肉强度

斜方肌

三角肌
（前部或锁骨部位）

肱三头肌

肱桡肌

胸大肌

肱二头肌

尺侧腕伸肌

指伸肌

桡侧腕短伸肌

旋前圆肌

桡侧旋前腕肌

动作变式

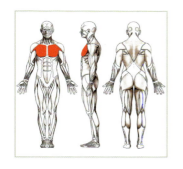

动作指引

将悬挂训练带或装置作为拉伸的支撑，双手分别紧握两条带子的末端。

伸展肘部，将手掌置于身体前方，躯干继续向下倾斜，此时悬挂带支撑了你的一部分体重。然后弯曲肘部，就像在地面上做俯卧撑一样，接着再伸直，抬高身体。

▣ 简易版变式

如果需要开始练习技巧，但是还不习惯进行悬挂训练，则可以先从简易版变式做起。该姿势的身体倾斜度最小，阻力明显减小，但你还是能够感受到悬挂带的支撑作用。

准备姿势

完成姿势

准备姿势

✚ 进阶版变式

在这个变式中，当身体与地面平行时，运动的强度最大。但是，如果把脚放置在一个高点，身体的斜度就可以更大，从而进一步锻炼三角肌，帮助你实现以前无法达到的角度并克服更大的阻力。当然，这个变式只适合经验丰富的训练者，而且要求支撑身体的悬挂带非常牢固。

完成姿势

技巧提示

● 悬挂带无法具备和地面一样的稳定性，所以除了要克服自身体重，你还需努力维持身体的稳定。

● 保持躯干和大腿呈一条直线。

● 角度越大，则难度越大。

深度俯卧撑（支撑物辅助）

借助支撑物的俯卧撑变式使训练者得以将胸部下压到比手更低的位置。 相对于传统的俯卧撑，此项训练耗时更长，肌肉可以得到更大的拉伸，从而增加了运动的强度和难度。

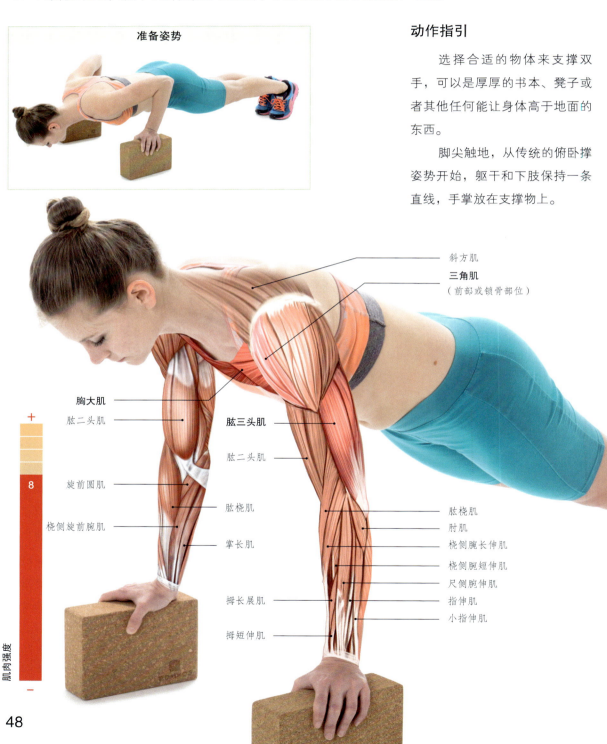

准备姿势

动作指引

选择合适的物体来支撑双手，可以是厚厚的书本、凳子或者其他任何能让身体高于地面的东西。

脚尖触地，从传统的俯卧撑姿势开始，躯干和下肢保持一条直线，手掌放在支撑物上。

斜方肌
三角肌
（前部或锁骨部位）

胸大肌
肱二头肌
旋前圆肌
桡侧旋前腕肌

肱三头肌
肱二头肌
肱桡肌
掌长肌
拇长展肌
拇短伸肌

肱桡肌
肘肌
桡侧腕长伸肌
桡侧腕短伸肌
尺侧腕伸肌
指伸肌
小指伸肌

肌肉强度

8

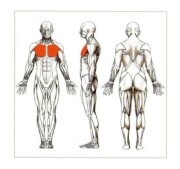

动作变式

▬ 简易版变式

为了更好地支撑双手，可以从更高的支撑物开始，比如椅子的靠背。此时你的身体与地面接近垂直状态，当倾斜度减小时，运动的难度也降低了。如果你暂时无法完成前页所提及的深度俯卧撑，那么这个变式将是很好的替代方案。

技巧提示

● 保持躯干和下肢呈一条直线。

● 检查你的支撑物是否稳定。

● 胸部低于双手的水平线。

● 身体下压的位置越低越好。

准备姿势

完成姿势

准备姿势

✚ 进阶版变式

如果你不是把脚放在地上，而是把它们抵在墙上，那么难度就会增加，因为向上推的力量必须依赖向后推的力量，这样你的脚才能稳稳地贴在墙面上。这是一个相当有难度的变式。

完成姿势

左右移动俯卧撑

这是传统俯卧撑的众多变式之一，也是一个经过多次修改和重新设计的经典训练项目。这种俯卧撑的难度明显增大，要想正确地完成这个动作，即使对于经验丰富的训练者来说也是一个挑战。

分解动作

+

9

肌肉强度

−

动作指引

首先摆出传统俯卧撑的姿势，但双肘不要弯曲同样的幅度，也不要将身体完全放低贴近地面，而是将身体抬高，一条手臂明显弯曲，另一条手臂弯曲的程度较小。此时，躯干将位于一只手的上方而远离另一只手。然后抬高身体，重新下压，将身体移动到另一只手的上方。你可以每次都回到准备姿势，再重新开始，也可以直接左右移动身体。

三角肌
（前部或锁骨部位）

背阔肌
胸大肌
斜方肌

肱肌
肱桡肌
旋前圆肌
桡侧腕长伸肌
桡侧旋前腕肌

肱三头肌
肱二头肌
肘肌
桡侧腕长伸肌
桡侧腕短伸肌
指伸肌
尺侧腕伸肌
尺侧腕屈肌
拇长展肌
拇短伸肌

动作变式

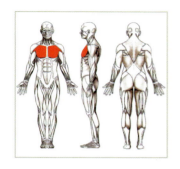

技巧提示

● 双手之间的距离应大于做传统俯卧撑时双手之间的距离。

● 躯干和下肢必须保持完美的直线。

● 你可以通过更多地关注胸部的上升和下降或侧向运动来调整训练动作。

简易版变式

仰卧在椅子上，一只手扶住椅背，另一只手紧握水桶的提手。肘部向外伸，将水桶置于身体一侧，保持肘部持续弯曲，但幅度不宜过大。然后缓缓提起水桶至胸部以上，你可以像操作胸部推举器时那样弯曲和伸展肘部。

准备姿势

完成姿势

准备姿势

完成姿势

进阶版变式

把一个球置于一只手的下方作为支撑。在每次重复动作时，将另一只手放在球上，以便在每次收缩之前对胸肌进行更大的预拉伸。这样可以增加训练强度。如果你有节奏地换手，就会达到最大的难度。

毛巾滑动俯卧撑

无论是借助哑铃、滑轮还是其他器械来做俯卧撑，都是借助下压的力量来锻炼胸肌。在这种情况下，假设没有任何特殊的器械，通常的选择之一是在地面上利用自身体重进行训练。有时一条毛巾可以帮助手部滑动。

准备姿势

胸大肌

三角肌
（前部或锁骨部位）

肱三头肌

斜方肌

肩胛肌

肱二头肌

胸锁乳突肌

肱肌

旋前圆肌

桡侧旋前腕肌

肱桡肌

桡侧腕长伸肌

桡侧腕短伸肌

指伸肌

9

肌肉强度

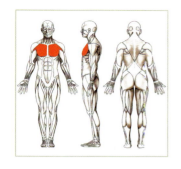

动作变式

动作指引

从传统俯卧撑姿势开始，用毛巾或其他物品支撑双手，在地面上开始滑动。双手分开，让胸部贴近地面。在最低点停下来，然后试着把双手向后移动，以便让它们回到起始位置。请记住，这不是每个人都能做到的。

技巧提示

● 保持躯干和下肢呈一条直线。

● 缓慢弯曲肘部，同时降低身体，抬高身体时再次伸展肘部。

● 随着能力的提升，你必须增大双手的间距，以便从训练中获得更大的收益。

▬ 简易版变式

同样的动作也可以借助墙壁来完成，此时身体倾斜的程度较小，难度降低。这样的调整将高强度的地面动作变换成非常简单的墙壁动作，对于初学者来说是非常理想的变式。

准备姿势

完成姿势

准备姿势

完成姿势

✚ 进阶版变式

一般来说，身体的斜度越大，难度越大。做同样的动作时，你的双脚相对于地面的高度能帮助你在已有的运动强度上更进一步。记住，双手之间要保持较宽的距离，在最低点时身体要尽量与地面平行，这样才能保证最大的强度。

53

跳跃俯卧撑

俯卧撑动作可以通过增大身体的倾斜度、改变姿势、调整双手间的距离和移动距离来完成；也可以像这个训练项目一样，在原有基础上提高动作的速度并增加爆发性动作，如投球或跳跃。但是，不要忘记在这之前必须先进行全面的热身。

准备姿势

斜方肌

胸大肌

三角肌
（前部或锁骨部位）

肱三头肌

肱二头肌

肱桡肌

桡侧腕长伸肌

旋前圆肌

桡侧旋前腕肌

桡侧腕短伸肌

拇长展肌

肘肌

指伸肌

尺侧腕伸肌

拇短伸肌

肌肉强度

动作变式

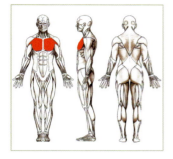

简易版变式

减小身体的倾斜程度会降低运动难度。对于新手来说，靠着墙进行训练是个不错的选择。在动作的最低点，身体会向前倾斜。当你用力推墙时，你的躯干应该尽量垂直于地面。

动作指引

从传统俯卧撑姿势开始，下压胸部至最低点，然后推动身体向上，保持足够的力度，保证伸展肘部的时候运动不会停止。应将动作的时间拉长，以确保双手能离开地面，并完成一个小跳的动作。

技巧提示

● 在做力量训练之前，必须进行完整的热身。

● 当双手重新与地面接触时，弯曲肘部以减小下落的力度，防止肘部和手腕受伤。

● 始终保持躯干和下肢呈一条直线。

准备姿势

完成姿势

准备姿势

完成姿势

进阶版变式

对于同样的训练项目，增加一个拍手动作时，需要投入更大的力量。你的双手悬在空中的时间必须足够长，这样你才能完成拍手并重新把双手安全地放置到地面上的动作。这种变化需要力量和技巧，只适用于高水平训练者。

双手后撤俯卧撑

这 是经典俯卧撑的多种变式之一。 这一次难度增加了，因为双手的位置向后移动时，将集中锻炼胸大肌和三角肌下部的肌纤维。

准备姿势

9

肌肉强度

动作指引

面部朝下，手掌放置在地面上。不要把双手放在胸部两侧，而是位于更靠后的腹部旁边。向上推身体，直到肘部几乎完全伸展。

胸锁乳突肌
胸舌骨肌
斜方肌
三角肌
（前部或锁骨部位）
胸大肌
肱三头肌

肱二头肌
肱桡肌
肘肌
拇长伸肌和拇短伸肌
桡侧腕长伸肌

指伸肌
小指伸肌
尺侧腕伸肌

动作变式

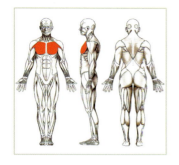

技巧提示

● 保持躯干和下肢呈一条直线。

● 初次尝试做这个训练项目时，双手后撤的幅度可以稍微小一些；当能力逐步增强后，再慢慢加大幅度。

● 如果手腕感到疼痛，则可以试着转动手部支撑物，使指尖朝外。

准备姿势

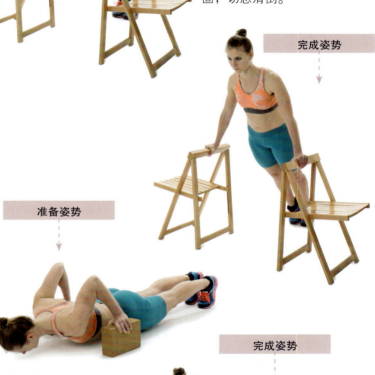

完成姿势

▬ 简易版变式

也可以在椅子的靠背上做同样的动作。当身体的倾斜度减小时，难度就会降低，但请记住保持双手后撤，以便利用这种俯卧撑变式的特殊性。确保支持物稳固，切忌滑倒。

准备姿势

✚ 进阶版变式

利用瑜伽砖来支撑双手，厚厚的书本、木块甚至台阶也可以作为完美的辅助工具。为了增大运动强度，在下压身体至最低点时，胸部应该低于双手的位置。

完成姿势

57

吊式划船

准备姿势

划臂和引体向上是锻炼背部肌肉的经典动作，不同水准的训练者均能在健身房中进行这些训练。但是不借助健身器械也丝毫不影响它的效果，因为很多变式只需要利用我们自身的体重即可完成。

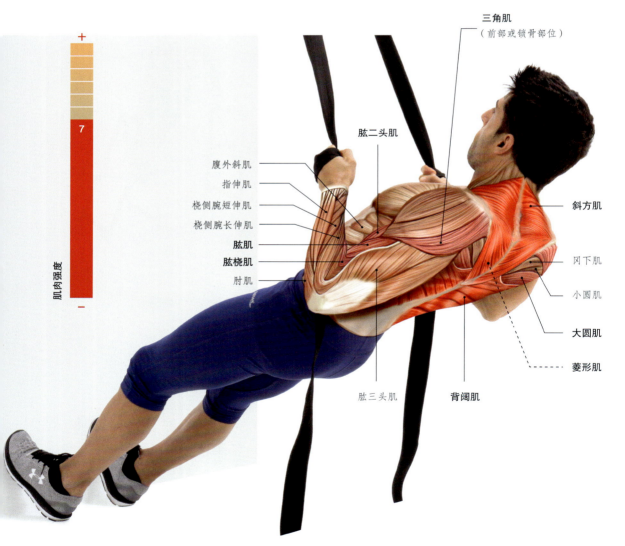

肌肉强度

\+

7

\-

三角肌
（前部或锁骨部位）

肱二头肌

腹外斜肌

指伸肌

桡侧腕短伸肌

桡侧腕长伸肌

肱肌

肱桡肌

肘肌

斜方肌

冈下肌

小圆肌

大圆肌

菱形肌

肱三头肌

背阔肌

动作变式

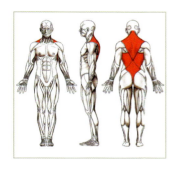

动作指引

把尼龙带或悬挂装置挂在高架上。双手抓住带子的两端，向后倾斜，直到感觉自己被悬挂起来。此时，肘部充分伸展。双脚可以靠在墙上，如果做不到的话，就把双脚放在地面上。弯曲肘部，向上拉身体。

技巧提示

● 挺胸，收紧背部，尽可能将双肩向后展开。

● 保持大腿和躯干呈一条直线。

● 如果想要提高难度，则可以考虑增大身体的倾斜程度。

● 如果倾向于侧向移动，则应分开双脚来提高稳定性。

▬ 简易版变式

减小身体的倾斜程度，但是不要超过肢体上升的最高点。这种变式相对简单得多，对于新手来说更容易执行。当能力逐步提升后，可以慢慢下拉悬挂带，使身体达到合适的倾斜程度。

准备姿势　　完成姿势

✚ 进阶版变式

把双脚放在有一定高度的表面上会增加这项训练的难度。如果你是一名非常有经验的训练者，则能在动作的最低点时接近身体与地面平行的状态，甚至可以做到肩部低于双脚。但请牢记，双脚必须得到足够的支撑，保证稳定性，减少发生意外的风险。

准备姿势　　完成姿势

杠杆反向划船

利用传统杠杆的划船变式不需借助其他健身器械，通过利用自身体重即可做到。一张厚重的桌子、公园或其他公共场所的固定设施都可以为你的训练提供理想的支撑。

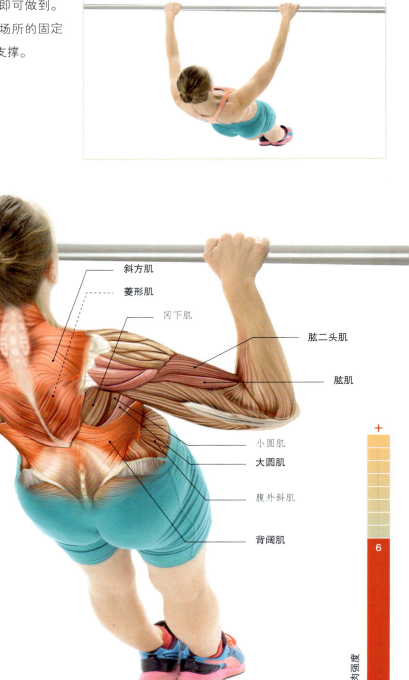

准备姿势

三角肌
（前部或锁骨部位）

斜方肌

菱形肌

冈下肌

肱二头肌

肱肌

肱三头肌

肱桡肌

桡侧腕长伸肌

桡侧腕短伸肌

小圆肌

大圆肌

腹外斜肌

背阔肌

肌肉强度

60

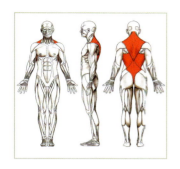

动作变式

动作指引

　　站在支撑物下，双手紧握横杆并置于肩部外侧。双腿和躯干呈一条直线，肘部伸展，身体后倾，保持悬挂状态，脚后跟触碰地面。用力拉横杆，尽可能抬高胸部，努力拉起自身的体量。

技巧提示

● 保持躯干和双腿呈一条直线。

● 把注意力集中在背部肌肉上，避免手臂用力。

● 上移胸部，尽可能靠近横杆。

简易版变式

　　为了降低运动强度，在第一个星期的训练中，你可以做简易版的划船变式。准备两个水桶，为了逐步增大阻力，可以适当增加水桶中的水。保持膝关节略微弯曲，躯干向前倾斜。但是为了避免受伤，背部必须保持挺直。

准备姿势　　完成姿势

进阶版变式

　　为了增加训练的难度，可以使用较低的支撑物，甚至让朋友把你往下推，增大下压胸部的力量。另一个简单的选择是在你的前面而不是背上放一个具有一定质量的背包，从而增加你在训练时需要带动的负重。

准备姿势

完成姿势

负重引体向上

引│体向上是锻炼背阔肌的常规动作。 一根粗壮的树枝、一根横梁或任何其他坚固的设施都可以用于该
　│项训练。当看到城市里的某个设施就像是为该运动量身定做时，谁都会跃跃欲试。

肱二头肌

指伸肌
桡侧腕长伸肌
桡侧腕短伸肌
肱桡肌
肱肌
肱三头肌

腹外斜肌

斜方肌
（上部、横向或
中间区域）

三角肌
（后部或脊椎区域）

大圆肌
菱形肌

背阔肌

准备姿势

肌肉强度

9

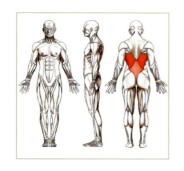

动作变式

▬ 简易版变式

如果你减掉了一些体重，做同样的动作时就会相对容易一些。但引体向上对于新手来说确实太难了，毕竟它的难度级别一般为中上，所以该项目并不能作为新手一开始的基础训练。

动作指引

悬挂在一个坚固稳定的设施上，双手分开，肘部伸展。为了增加难度，可以利用装满书的背包或其他物品增加负重。一旦悬挂在横杆上，就试着内收肩部，弯曲肘部，上拉身体，努力使下巴越过横杆。

准备姿势

完成姿势

技巧提示

● 双手之间的距离应该大于双肩之间的距离。

● 试着把注意力集中在背部肌肉上，减轻肘部肌肉的负担。

● 试着用下巴触碰横杆。

✚ 进阶版变式

从一侧开始做引体向上，这样当身体向上移动时，它不再位于两手之间，而是朝着其中一只手的方向移动。然后你可以试着降低身体，再向上移动到另一侧，甚至可以在上拉到最高点时左右移动身体。当然，这样做的难度是非常大的。

准备姿势

完成姿势

窄距反握式引体向上

攀爬动作能有效地锻炼背阔肌，因此，引体向上在健美运动员中很受欢迎。这项运动有多种多样的变化，能全方位地锻炼背部肌肉。其中窄距反握式引体向上是最有效的变式之一。

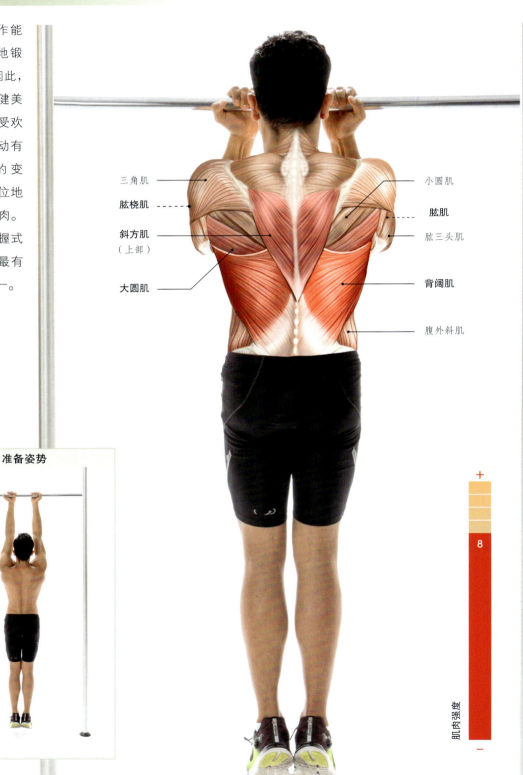

三角肌

肱桡肌 - - - -

斜方肌
（上部）

大圆肌

小圆肌

肱肌

肱三头肌

背阔肌

腹外斜肌

准备姿势

肌肉强度

+

8

−

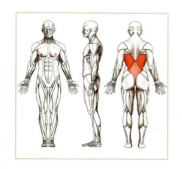

动作指引

　　垂直支撑物（类似于那些公园和露天训练区的设施）能够很好地承受牵拉的作用力。双手以反握姿势握住横杆，向上拉起自己的身体，并尽量使下巴与横杆的高度一致甚至高于横杆。

技巧提示

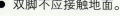
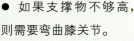

● 双脚不应接触地面。

● 如果支撑物不够高，则需要弯曲膝关节。

● 尽量把注意力集中在背阔肌上，减少对肱二头肌的损伤。

● 完成一次完整的动作，在身体下降的阶段肘部能够得到伸展。

动作变式

➖ 简易版变式

　　躺在长凳上，双手握住牵拉带或绳子的一端。请你的搭档抓住绳子的中心，牵拉和放松绳子以提供阻力，而你则执行相反的动作进行训练。

准备姿势

完成姿势

✚ 进阶版变式

　　单臂反握引体向上的难度极高，即使对于高阶训练者来说也是一个艰巨的挑战。一只手悬挂，另一只手抓住自己的手腕，试着把身体往上拉，直到下巴达到横杆的高度。能成功完成5~6次就非常了不起了。

准备姿势　　　完成姿势

突击队引体向上

在健身房里，突击队引体向上是最少见的变式之一。然而，它非常受体操运动员的喜爱，因为它能有效增强力量，锻炼背部肌肉。

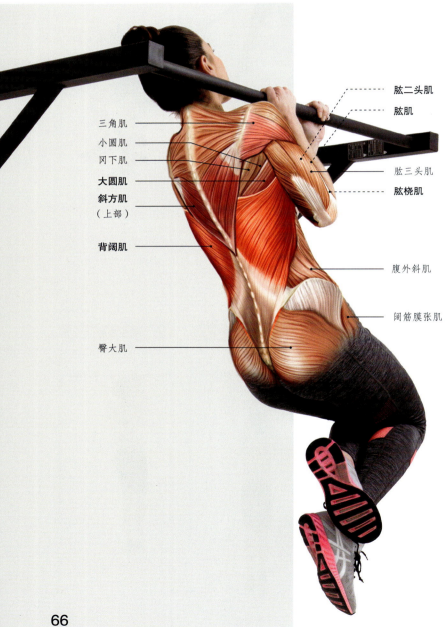

三角肌
小圆肌
冈下肌
大圆肌
斜方肌
（上部）

背阔肌

臀大肌

肱二头肌
肱肌

肱三头肌
肱桡肌

腹外斜肌

阔筋膜张肌

肌肉强度

+

8

−

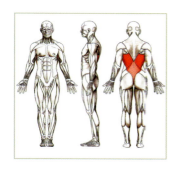

动作变式

动作指引

紧紧抓住一根稳定的水平横杆。把双手放在中间位置，其中一只手位于另一只手的前面，伸展肘部。

然后下拉横杆，移动头部至一侧，直到肩部触及横杆。身体后移，重复该动作，这次把头部移到横杆的另一侧。

技巧提示

● 把所有的注意力集中在背部肌肉上，尽量减少肘部的活动。

● 重复完成动作，把头放在横杆的一侧或另一侧。

● 试着让肩部尽可能靠近横杆。

简易版变式

在这个高强度的变式中，双手间距增大，胸部靠近横杆。上拉时，身体水平移动。在完成阶段，身体越是平行于横杆，所需要的力量就越大。

准备姿势

完成姿势

进阶版变式

这种变化相对于以前的动作没有那么极端，所以我们建议增加负重。背包是一个很好的选择，因为它可以调整重量；也可以试着在腿部或者脚部捆绑重物。

准备姿势　　完成姿势

负重支撑划船

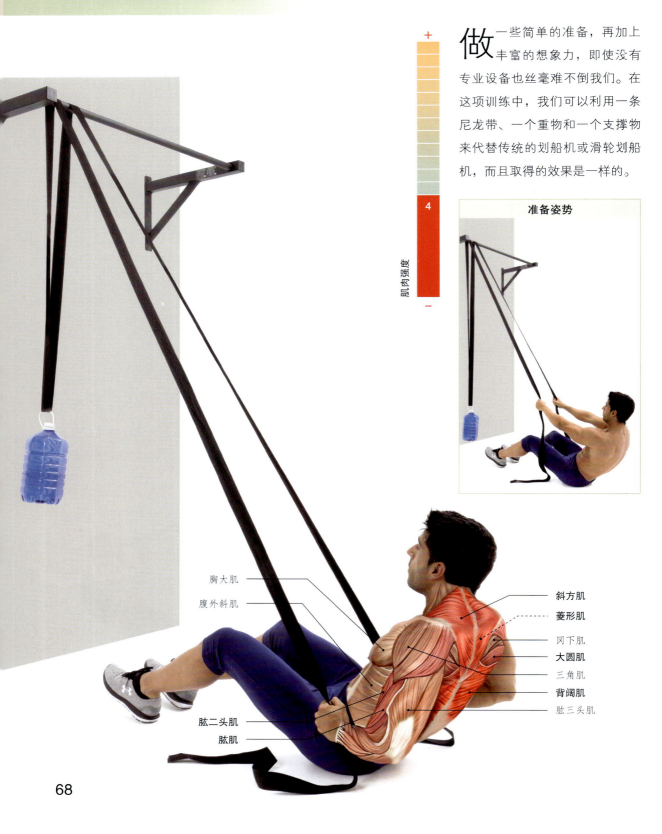

做一些简单的准备，再加上丰富的想象力，即使没有专业设备也丝毫难不倒我们。在这项训练中，我们可以利用一条尼龙带、一个重物和一个支撑物来代替传统的划船机或滑轮划船机，而且取得的效果是一样的。

肌肉强度

+

4

−

准备姿势

胸大肌
腹外斜肌

斜方肌
菱形肌
冈下肌
大圆肌
三角肌
背阔肌
肱三头肌

肱二头肌
肱肌

动作变式

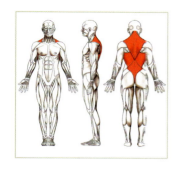

动作指引

将带子穿过水桶的把手，然后绕过高高的支撑物。坐下，双手分别握住带子的一端，身体微微向后倾斜，肘部得以伸展，顺势拉起悬挂的重物。双手向后拉，通过划船动作牵拉带子并将重物向上移动。

▬ 简易版变式

将尼龙带穿过支撑物，两手各拉一端，直到带子绷紧。一只手下拉带子，在划船运动中弯曲肘部；另一只手向前移动，手臂抵抗阻力向上伸展。然后完成反向动作，双手的力量互相抗衡。

准备姿势

完成姿势

技巧提示

● 支撑物越光滑，带子上的摩擦力就越小，阻力也越小。这由上下运动的重物所决定。

● 试着把注意力集中在背部肌肉上，减轻肱二头肌的负担。

✚ 进阶版变式

这种变式主要将力量集中在一边，要求用一只手握住带子的两端。如果你的体重不够，无法进行双边训练，则可以采用这种方式进行训练。

准备姿势

完成姿势

悬挂牵拉

经典的牵拉动作可以通过不同的变式获得更好的效果。无须借助杠杆、哑铃和滑轮，只要利用自身体重，外加绳索和固定点就能以最少的设备获得同样的收益。

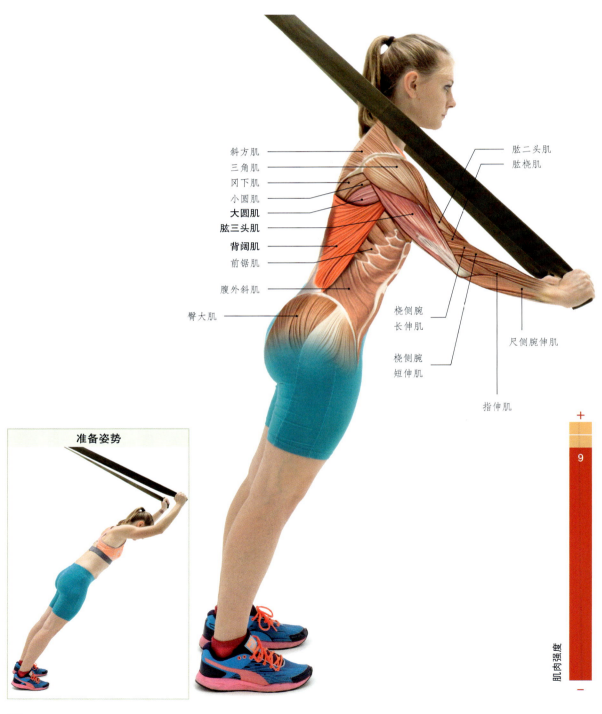

斜方肌
三角肌
冈下肌
小圆肌
大圆肌
肱三头肌
背阔肌
前锯肌
腹外斜肌
臀大肌

肱二头肌
肱桡肌

桡侧腕
长伸肌

尺侧腕伸肌

桡侧腕
短伸肌

指伸肌

9

肌肉强度

准备姿势

动作变式

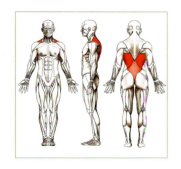

动作指引

　　将绳子或尼龙带穿过高处的固定点，固定点可以是结实的树枝或横梁等。双手分别抓住带子的一端，同时伸展肩部和肘部，身体前倾。用脚尖站立，然后用带子承担自身的体重。双手向前牵拉带子，直到双臂与带子平行。

技巧提示

● 在整个训练过程中，下肢和躯干必须保持一条直线。

● 从训练一开始到结束，肘部应保持完全伸展。

● 分开双脚，保持平衡。

简易版变式

　　利用长椅或凳子来支撑背部，尝试完成经典的牵拉动作。根据所需的阻力，拉起一个或两个装满水的水桶。这个变式的难度较低，借助上背部的肌肉足以完成。

准备姿势

完成姿势

进阶版变式

　　为了增加悬挂牵拉的难度，身体的倾斜度可以适度加大。准备姿势的倾斜程度越大，锻炼的强度就越大。当身体与地面接近平行时，哪怕对资深训练者而言，也需要竭尽全力才能完成这个动作。

准备姿势

完成姿势

耸肩训练

耸肩是锻炼斜方肌上部及其下行纤维的基本动作。尽管如此，许多锻炼三角肌的动作（例如划船、侧举和肩推）也能帮助你塑造斜方肌上部。

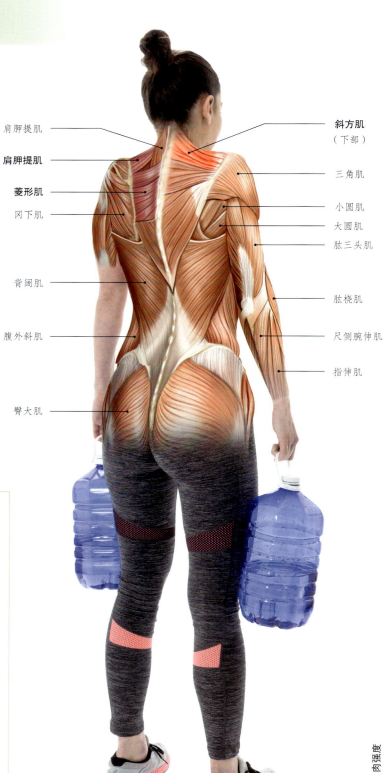

肩胛提肌

肩胛提肌

菱形肌

冈下肌

背阔肌

腹外斜肌

臀大肌

斜方肌
（下部）

三角肌

小圆肌

大圆肌

肱三头肌

肱桡肌

尺侧腕伸肌

指伸肌

准备姿势

肌肉强度

动作变式

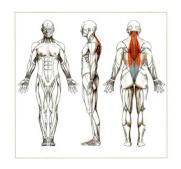

动作指引

笔直站立，每只手各握一个重物并置于身体两侧。可以利用水桶作为负重，并确保其能调整重量。更为重要的是，一开始时两边的重量务必相同。

保持肘部伸展，肩部放松，然后抬起肩部，不要移动肘部。

技巧提示

● 当抬起肩部时，不要向后移动手臂。

● 不要在拉伸时挺直膝关节，而是稍微弯曲，特别是在举起重物的时候更要如此。

● 背部挺直。

▬ 简易版变式

在这个变式中，搭档的双手撑在你的手上，通过调节下压的力道来控制阻力。如果独自做这个动作，则可以试着抓住桌子的一端上下拉动，从而减小一定的阻力。

完成姿势

准备姿势

✚ 进阶版变式

准备姿势与常规耸肩训练一样，但这个动作不是自下而上的背部运动，而是肩部按顺时针或逆时针方向的环绕动作。虽然强度没有大幅增加，但锻炼到的肌肉更多。

动作序列

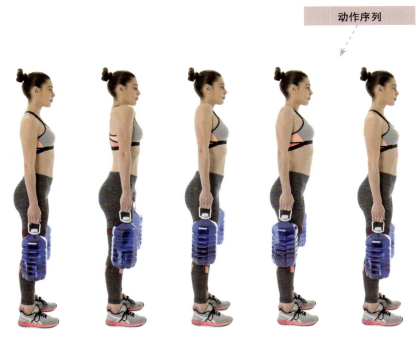

反向双拱

反向双拱动作能锻炼到竖脊肌。竖脊肌在健美训练中常常被忽略，因为它的位置较深，而且不太明显，但是它起着平衡脊柱、稳定姿势的重要作用。

准备姿势

动作指引

面部朝下，双腿和双臂伸直，试着向上弯曲身体，抬起手臂和双腿，尽可能远离地面，最大限度地伸展脊柱。不管最终看起来如何，要想成功地完成这个动作十分不易，保持完成姿势不变则更加困难。

+

9

肌肉强度

−

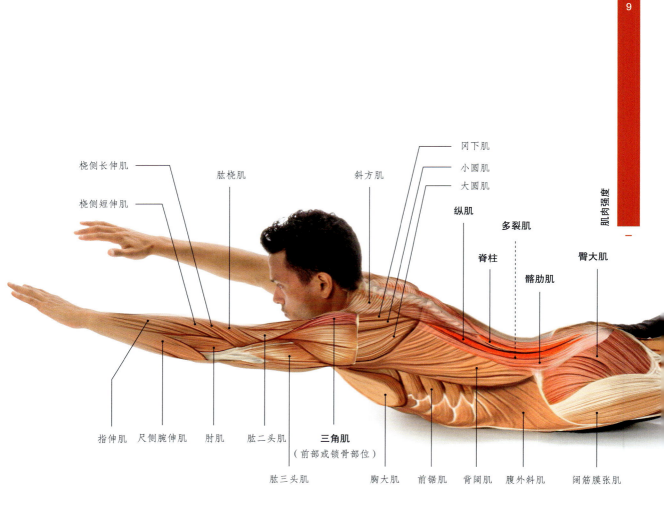

桡侧长伸肌
桡侧短伸肌
肱桡肌
斜方肌
冈下肌
小圆肌
大圆肌
纵肌
多裂肌
脊柱
髂肋肌
臀大肌

指伸肌　尺侧腕伸肌　肘肌　肱二头肌　**三角肌**（前部或锁骨部位）
肱三头肌　胸大肌　前锯肌　背阔肌　腹外斜肌　阔筋膜张肌

动作变式

准备姿势

完成姿势

技巧提示

● 在上、下半身的收缩达到最大幅度时，只有腹部接触地面起到支撑作用。

● 在完成姿势中，确保大腿和胸部抬离地面。

● 一个好的选择是减少重复次数，但延长每次保持完成姿势的时间。

▬ 简易版变式

对于新手来说，该变式更容易完成。双脚放在稳固的表面上，更好的办法是请你的搭档按住你的双脚，你只需抬起上半身。在做这个动作时，请将双手放在颈部后方。

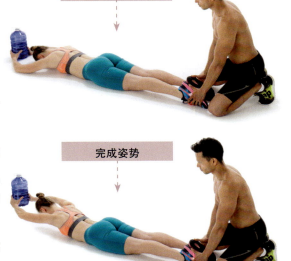

准备姿势

完成姿势

✚ 进阶版变式

如果你想增大强度，则可以增加负重。为了做到这一点，必须请搭档压住你的双脚或者固定住它们,让双脚保持在地面上。

双手将一个重物放在头部前方，抬起上半身并举起重物。也可以像其他动作一样使用水桶，当你感觉力量增强时，可以在水桶内装更多的水。

倒立肩推

肩 推动作多种多样，如站姿肩上推举、阿诺德推举、颈后推举、史密斯肩推、器械肩推等。然而，对于那些没有特殊装备的训练者来说，很难找到一种强度比倒立肩推更高的训练方法。

腹外斜肌

背阔肌

前锯肌

大圆肌

小圆肌

冈下肌

胸大肌
（上部纤维或锁骨部位）

三角肌

肱三头肌

冈上肌

斜方肌
（下部）

准备姿势

+
10

肌肉强度

—

76

动作变式

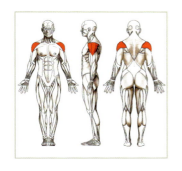

一 简易版变式

对于刚开始健身的人们，肩部俯卧撑是相对容易且更为有效的选择。做这个动作时，臀部弯曲，双脚着地，上半身几乎处于和地面垂直的状态。这样，身体的稳定性更好，难度也会降低不少。

动作指引

面对墙壁，双手支撑身体，倒立。为了将这个姿势做到位，首先把两个手掌放在地板上，然后逐步将双脚向上移动到墙上。一旦身体处于垂直位置，就弯曲肘部向下移动，头部逐渐接近地面。然后伸展肘部，再次抬起身体。

技巧提示

● 保持躯干和下肢呈一条直线。

● 确保双手支撑稳定。

● 身体越垂直于地面，三角肌承受的压力就越大，胸肌所受的压力则越小。

完成姿势

准备姿势

准备姿势

进阶版变式

把双手放在一对具有一定高度的支撑物（例如木块或书本）上，这样可以加大下推的距离，从而增加难度。常规的倒立肩推本来就颇具挑战性，但这个变式如果能做得好，训练的强度将大幅增加，所以这只适用于高水平的训练者。

完成姿势

过顶肩推

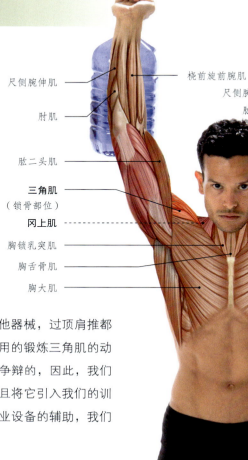

尺侧腕伸肌
肘肌
肱二头肌
三角肌
（锁骨部位）
冈上肌
胸锁乳突肌
胸舌骨肌
胸大肌

桡前旋前腕肌
尺侧腕伸肌
肱桡肌

肱三头肌
斜方肌
（下部）
大圆肌
背阔肌
前锯肌

无论借助于哑铃或其他器械，过顶肩推都是健身运动中最常用的锻炼三角肌的动作之一。它的效力是无可争辩的，因此，我们必须给予足够的重视，并且将它引入我们的训练计划中来。哪怕没有专业设备的辅助，我们也能获得同样的收益。

准备姿势

肌肉强度

+

6

−

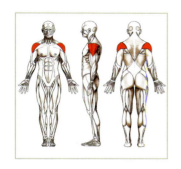

动作变式

动作指引

　　每只手拿一个重物。使用水桶的优点在于，可以通过改变桶内的水量来调节负重，同时它们随处可得，价格低。弯曲肘部，并保持虎口向上。从这个姿势开始，伸展肘部，尽可能向上推动水桶，确保双臂与地面垂直。

技巧提示

● 背部挺直。

● 如果你是站立着进行训练的，那么膝关节应稍微弯曲。

● 在整个过程中，确保双臂与地面垂直。

▬ 简易版变式

　　同样的动作可以用较小的负重和技术难度来完成，如只用一个物体（例如水桶）作为负重。双手持重物并放在胸前，然后举过头顶，重复数次即可。

✚ 进阶版变式

　　在该变式中，身体倾斜的程度决定了阻力的大小（倾斜程度越大，阻力则越大）。由于难度增加，当借助绳子悬挂时，保持平衡和挺直身体更具挑战性。

准备姿势

完成姿势

准备姿势

完成姿势

上斜前平举

准备姿势

对于三角肌来说，平举是一种非常有效的训练项目，它可以单独针对三角肌进行强有力的训练。如果手臂上举过顶，效果就更为明显，因为此时力量完全集中在三角肌上，特别是三角肌的前部区域。

斜方肌

三角肌

冈下肌

肱二头肌

肱桡肌

桡侧腕长伸肌

桡侧腕短伸肌

指伸肌

背阔肌

腹外斜肌

肱三头肌

肘肌

小圆肌

大圆肌

胸大肌

尺侧腕伸肌

前锯肌

\+

6

肌肉强度

动作变式

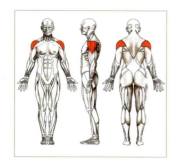

动作指引

把一只手放在椅子、长凳或矮桌上，身体向前倾斜，上半身与地面平行。另一只手拿着一个重物。水桶是一种用途非常广泛的物品，其他物品也可以起到同样的作用。将水桶向前提起，保持肘部位置不变。

技巧提示

● 支撑侧的肘部稍微弯曲，以便在运动过程中提供缓冲。

● 工作侧的肘部也必须稍微弯曲，以保护关节。

● 背部保持挺直。

▬ 简易版变式

将尼龙带绕过架子，双手各拉一端，身体稍微向后倾斜，双臂上抬，牵拉带子，用力将自己拉回站立姿势。虽然该变式的难度较低，但因为身体保持了一定的倾斜程度，所以训练效果依然不错。

✚ 进阶版变式

执行与上述变式相同的步骤，但在开始时增大身体的倾斜程度，从而加大难度。随着身体倾斜程度的增大，其他肌群的参与度变低，所以当角度变得愈发刁钻时，难度就会显著增大，甚至可能无法完成。

肩部伸展

这个经典的肩部动作能有效锻炼三角肌，尤其是其后部区域。同时，它也有助于强化肩部外旋肌，因此，稍微加以调整，它将成为所有训练者必备的常规训练项目之一。

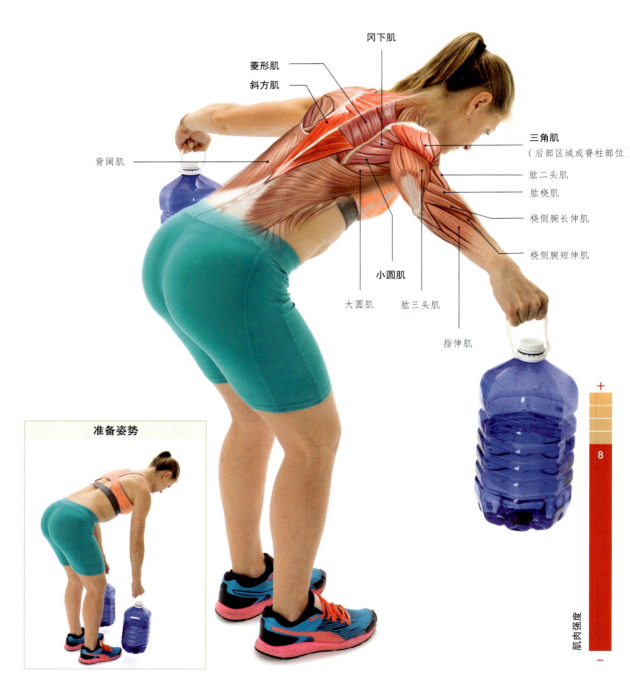

冈下肌

菱形肌

斜方肌

背阔肌

三角肌
（后部区域或脊柱部位

肱二头肌

肱桡肌

桡侧腕长伸肌

桡侧腕短伸肌

小圆肌

大圆肌

肱三头肌

指伸肌

准备姿势

肌肉强度

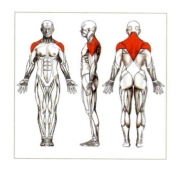

动作变式

技巧提示

● 确保背部挺直，不要弯曲。

● 保持膝关节弯曲。

● 避免过度弯曲肘部。

动作指引

每只手各拿一个重物，确保两只手的负重相同。水桶就是一个很好的选择，因为它的重量可以调节。身体向前倾斜，膝关节微微弯曲，背部挺直，双手于身体两侧提起水桶，肘部轻微弯曲。

简易版变式

如果你希望降低训练难度，则可以试着通过悬挂训练来完成肩部伸展。双手分别紧握带子的一端，将带子固定在架子上。站立时，一只脚在前，另一只脚在后，身体稍微向后倾斜，张开双臂并向两侧举起，将身体拉回站立姿势。

准备姿势

完成姿势

进阶版变式

想要增大阻力和难度，只需对简易版变式进行一些调整即可。双脚并拢，身体向后倾斜的程度加大。这样，你整个人基本上就靠悬挂带进行支撑了。然后张开双臂，拉起上半身。身体倾斜程度的增大或减小能改变训练的难易程度。

准备姿势

完成姿势

侧平举

平举可以起到锻炼三角肌的作用。具体来说，侧平举是健身运动中最常用的训练项目，是加强三角肌的理想动作之一，特别是肩峰部分能得到显著的收益。

胸锁乳突肌

斜方肌
（下部）

冈上肌

三角肌

肱二头肌

肱三头肌

背阔肌

前锯肌

腹外斜肌

胸舌骨肌

肱肌

肱桡肌

桡前旋前腕肌

旋前圆肌

胸大肌

准备姿势

肌肉强度

84

动作变式

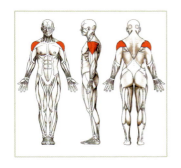

动作指引

两只手各提一个哑物，并将其置于身前。上拉重物，肘部保持一定程度的弯曲。双手向两侧举起，直到双臂平展，和躯干形成十字结构。在完成姿势中，肩部呈90度角。然后降低重物，重复整个过程。

技巧提示

● 在整个训练中，保持肘部略微弯曲。

● 在整个运动过程中，膝关节略微弯曲，起到缓冲作用，保护背部。

● 为了保护肩部，在动作的完成姿势中，肘部的高度不可超过肩部。

▬ 简易版变式

利用同样的负重，从同样的初始位置开始，弯曲肘部，试着把手背移动到下巴处，肩部上抬。这个动作叫作直立划船，相对于常规的侧平举，它能以相对较小的强度锻炼三角肌。

✚ 进阶版变式

该变式更适用于有搭档一同训练的人。搭档的作用是提供阻力，以提升你的运动能力。记住，做这个动作时，肘部必须弯曲90度。你的搭档会用他的手掌向你的肘部施力，以增大阻力。

准备姿势　　　完成姿势

准备姿势　　　完成姿势

前平举

桡侧腕长伸肌

桡侧腕短伸肌

指伸肌

尺侧腕伸肌

肘肌

肱桡肌

肱二头肌

三角肌
（前部或锁骨部位）

胸大肌
（锁骨部位或上部纤维）

大圆肌

肱三头肌

背阔肌

前锯肌

腹外斜肌

通过交替进行不同的训练项目，可以充分锻炼三角肌的 3 个区域，并锻炼其所有的肌纤维。因此，前平举能有效锻炼三角肌的前部或锁骨部位。

准备姿势

肌肉强度

动作变式

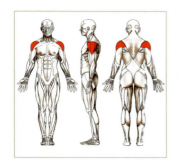

动作指引

　　双手抓住一个重物，将它悬在身前。肘部应该处于几乎完全伸展状态，背部挺直，膝关节略微弯曲。抬起肩部，上拉重物，直到双手达到头部高度。

技巧提示

● 记住要保持膝关节略微弯曲以及背部挺直，以保护腰部。

● 保持肘部完全伸展。

● 当双手与双眼平齐时，停止向上运动。

准备姿势　　　　　完成姿势

■ 简易版变式

　　这个简单的墙壁动作也是有效锻炼三角肌的一种变式。站在墙前，将手掌放在墙的下部，指尖向下，身体略微前倾。将手掌向上滑过墙面，直到身体再次回复到直立状态。

准备姿势　　　　　完成姿势

✚ 进阶版变式

　　有时只需增加一定的阻力就能给常规训练增加难度。利用一个较重的物体，或者两只手各拿一个重物，然后举起它们，会给你带来额外的难度，而这也可能正是你所需要的。水桶是一个很好的工具，因为它的重量能够调节。

阻力带手臂弯举

弯举动作可以带动肘部屈伸，前部后旋。毫无疑问，这是锻炼肱二头肌最为有效的方法之一。利用阻力带，我们可以在没有特定器械的情况下，不受时间和地点的限制，为手臂训练制订有效的训练计划。

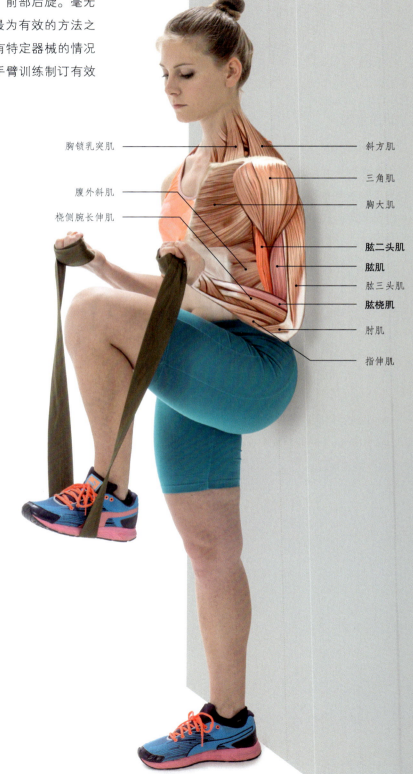

胸锁乳突肌

腹外斜肌

桡侧腕长伸肌

斜方肌

三角肌

胸大肌

肱二头肌

肱肌

肱三头肌

肱桡肌

肘肌

指伸肌

准备姿势

肌肉强度

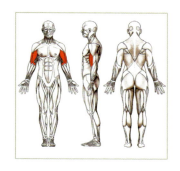

动作变式

动作指引

背靠墙，双手紧握阻力带，一只脚跨过阻力带。也可以使用有弹性的带子、毛巾或其他类似的东西。开始时，跨过阻力带的脚尽量贴近地面，肘部伸展。然后弯曲肘部，同时前臂外旋。脚部向下施加适当的阻力。

技巧提示

● 肘部靠近躯干。

● 避免使用圆绳，以防其在脚下滑动，影响阻力的调节。

● 背部紧贴墙壁。

简易版变式

可以在阻力带中间挂一个水桶来简化这个动作，此时的阻力可以进行调整（在简易变式中，大多数时候阻力都是倾向于减小的）。同时双脚着地，使身体得到很好的支撑，在整个动作过程中增强稳定性。肘部和前臂的动作与常规训练保持一致即可。

准备姿势

完成姿势

准备姿势

完成姿势

进阶版变式

为了完成该变式，可以借助两个重物来增大阻力。双手各握一个重物，只弯曲肘部，以此增加难度。水桶的引入能帮助你在更大的阻力下进行训练，但是内旋和外旋动作也会相应地受到一定的限制。

89

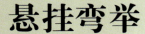

悬挂弯举

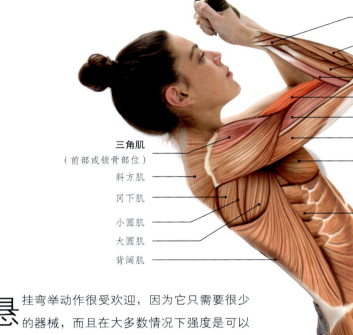

拇长展肌

指伸肌

桡侧腕长伸肌

肱桡肌

肱二头肌

肱肌

肱三头肌

胸大肌

前锯肌

腹外斜肌

三角肌
（前部或锁骨部位）

斜方肌

冈下肌

小圆肌

大圆肌

背阔肌

悬挂弯举动作很受欢迎，因为它只需要很少的器械，而且在大多数情况下强度是可以改变的。通过做悬挂弯举动作，肌肉量将得到显著增加。通过抬高肘部，能有效收缩肱二头肌，并产生强烈的烧灼感。

准备姿势

\+

9

肌肉强度

—

动作变式

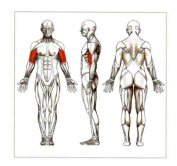

动作指引

　　将一条尼龙带或类似的带子绕过一个垂直的支持物，双手各执一端。身体向后倾斜，直到整个身体悬挂起来。双手放在胸前，肘部伸展。保持肘部位置不变，弯曲肘部，拉起身体，尽量用拳头触碰前额。

技巧提示

● 肩部必须始终保持同样的屈曲角度。

● 试着将拳头贴近前额，颈部伸直。

● 通过调节身体的倾斜程度，可以改变训练强度。

▬ 简易版变式

　　如果把一个重物系在悬挂带上，将它悬挂在支撑物的另一边，你就可以站姿做原来的动作。该变式依旧具有健身效果，只是强度较小而已。

准备姿势　　完成姿势

✚ 进阶版变式

　　开始时将身体尽量后倾，训练的难度自然就增大了。随着后倾程度的增大，有些动作甚至到了无法完成的地步。因此，该变式只适合高水平的训练者；只需重复几次，肌肉就会立刻出现肿胀和疲乏的感觉。

准备姿势

完成姿势

横杆悬挂弯举

在 没有特殊器械的训练中，利用自身体重不失为一个好办法。这个动作在锻炼肱二头肌的健身动作中
并不常见。尽管如此，如果能够成功地完成悬挂弯举，收获的健身效果还是相当显著的，增加的肌
肉量是其他动作都无法企及的。

桡侧腕长伸肌
桡侧腕短伸肌
指伸肌
肱桡肌
肱二头肌
三角肌
（前部或锁骨部位）
大圆肌
背阔肌
前锯肌
腹外斜肌

肱二头肌

尺侧腕伸肌
尺侧腕屈肌
旋前圆肌
肱肌
肱三头肌
胸大肌

肌肉强度

准备姿势

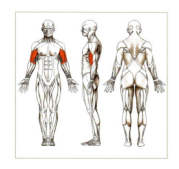

动作变式

动作指引

首先找到一个相对较低的水平支撑物，横杆或坚固的桌子都可以。身体后倾，双手紧握支撑物，伸展手臂，这样整个人就悬挂了起来。头部朝上，位于支撑物的下方，躯干和腿部呈一条直线。弯曲肘部，尽量用前额去碰触支撑物。

技巧提示

● 尽量将前额而不是胸部贴近水平支撑物，这才是比较自然的姿势。

● 保持躯干和下肢呈一条完美的直线。

● 避免肘部之间的距离过大。

▬ 简易版变式

考虑到常规训练的难度，新手可以借助自身体重做弯举动作。在该变式中，可以用一只手握住另一只手的手腕，慢慢弯曲被握一侧的肘部，而抓握手则用力下压，以增大难度。

准备姿势

完成姿势

准备姿势

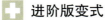

完成姿势

✚ 进阶版变式

该变式可以帮助你调节训练强度。身体略微后倾，手臂前伸，握紧毛巾、皮带或类似物体的末端，而搭档则握住另一端。弯曲肘部，试着将拳头靠近前额，此时搭档应施加适当的阻力。如果你愿意，那么可以单独完成这个动作，只需要将弹力带固定好即可。

负重纵向拉伸

伸展肘关节是肱三头肌的原始功能，而肱三头肌的长头也是肩伸肌。抬肘之前，首先应该对肱三头肌进行一定的预拉伸，而这也相应地增大了训练难度。

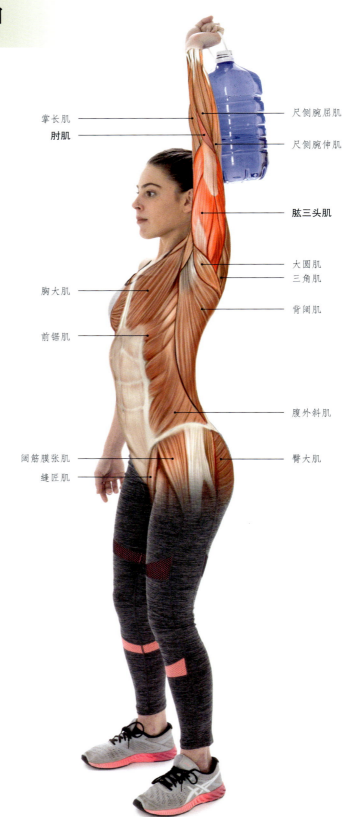

掌长肌

肘肌

尺侧腕屈肌

尺侧腕伸肌

肱三头肌

大圆肌

三角肌

胸大肌

前锯肌

背阔肌

腹外斜肌

阔筋膜张肌

缝匠肌

臀大肌

准备姿势

+

6

肌肉强度

−

动作变式

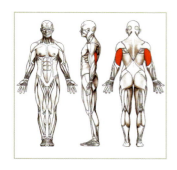

动作指引

　　站立，膝关节微微弯曲，用手抓住一个重物，根据绳子的长度，将重物放在颈后或背后。肘部弯曲，靠近头部。然后伸展肘部，依然贴近头部，缓慢提起重物。

技巧提示

● 在重复动作的过程中，手臂要保持与地面垂直。

● 肩部的位置不能改变。

● 记住保持两侧膝关节略微弯曲，这样可以起到缓冲作用，能保护腰椎。

▬ 简易版变式

　　只需要一条带子、毛巾或绳子，就可以用双手完成同样的动作。要做到这一点，首先将绳子穿过水桶的提手，两只手各拉绳子的一端，将水桶悬挂在背后。连续伸展和弯曲肘部，上下拉动水桶。

完成姿势

准备姿势

✚ 进阶版变式

　　如果你和搭档一起训练，并且你有一条绳子、毛巾或者带子，那么就可以借助这些工具来和搭档一起进行力量对抗训练。首先，你用双手握紧绳子的两端，搭档在身后按住绳子的中心点用力下压，试图阻止你向上拉伸的动作。

准备姿势　　　　完成姿势

钻石俯卧撑

这是传统俯卧撑的多种变式之一，通过一点小小的变化就能在没有任何辅助器械的情况下，利用双手刺激肱三头肌。这个动作是绝佳的利用自身体重进行的力量训练。

准备姿势

动作指引

从传统的俯卧撑姿势开始，双手并拢，拇指相互接触。同时也可以将拇指的指尖向食指靠拢，形成菱形来完成这个动作。在身体下压到最低点时，手肘弯曲，胸部的位置降到双手之下，然后伸展肘部，抬高身体。

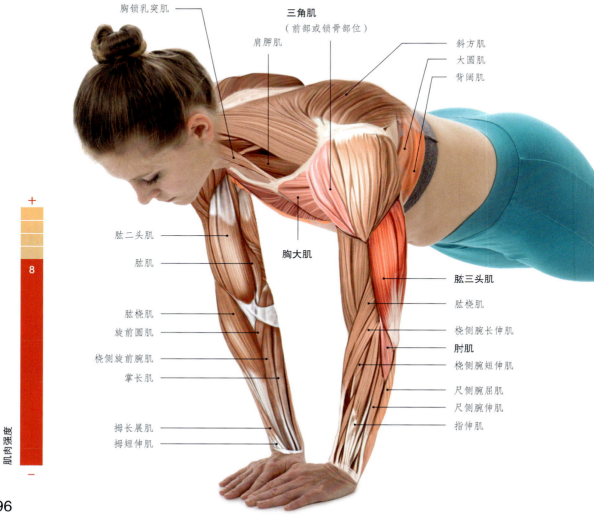

胸锁乳突肌

三角肌
（前部或锁骨部位）

肩胛肌

斜方肌
大圆肌
背阔肌

肱二头肌
肱肌

胸大肌

肱三头肌
肱桡肌
桡侧腕长伸肌
肘肌
桡侧腕短伸肌
尺侧腕屈肌
尺侧腕伸肌
指伸肌

肱桡肌
旋前圆肌
桡侧旋前腕肌
掌长肌

拇长展肌
拇短伸肌

肌肉强度

+

8

−

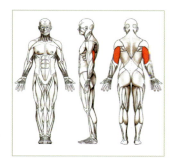

动作变式

▬ 简易版变式

在利用上半身的运动中，增大身体的倾斜程度时，则会相应增大动作的难度。相反，减小倾斜程度时，则降低难度。在这个简易版变式中，建议你采用站姿，双手扶墙，做一个相对简单的钻石俯卧撑。开始时，身体向前倾斜，然后肘部伸展，回到站立姿势。

技巧提示

● 开始的时候肘部要紧贴身体，在动作结束的时候尽可能靠近身体。

● 确保躯干和下肢时刻在一条直线上。

● 双手合拢，双脚之间略微分开，这样有助于维持身体的稳定。

准备姿势

完成姿势

✚ 进阶版变式

如果你和搭档一起训练，则可以请搭档帮忙增加钻石俯卧撑的难度。搭档可以用手或脚向你的背部施加压力，施力部位最好是肩胛骨上部，以减小受伤的风险。当然，也可以选择装满书的背包或其他重物进行负重训练。

准备姿势

完成姿势

肱三头肌撑体

准备姿势

肱三头肌撑体可同时锻炼胸大肌和肱三头肌，乃至三角肌的前部。躯干的倾斜程度、双手的间距以及手相对于身体的位置都会影响锻炼的效果。利用这些元素，可以调整每块肌肉承受的压力，不孤立任何一块肌肉。

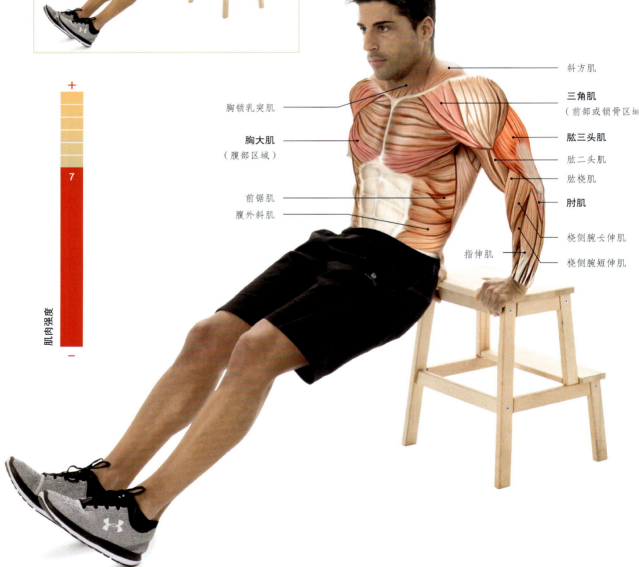

+
7
−

肌肉强度

斜方肌

胸锁乳突肌

三角肌
（前部或锁骨区域

胸大肌
（腹部区域）

肱三头肌

肱二头肌

肱桡肌

前锯肌

肘肌

腹外斜肌

桡侧腕长伸肌

指伸肌

桡侧腕短伸肌

动作变式

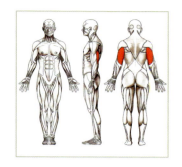

动作指引

准备一个椅子或高凳，用双手支撑身体，双腿向前伸展，此时手臂承受整个身体的重量。弯曲肘部，降低身体。当达到最低点时，伸展肘部，抬起身体。

技巧提示

● 双手尽量靠拢，支撑住身体。

● 在整个重复过程中，确保双肘尽可能靠近对方。

● 利用脚踝支撑双脚，臀部保持与椅子或高凳分开，这样在重复动作时就不会撞到椅子或高凳。

➕ 进阶版变式

把一对椅子或高凳靠在一起，确保稳定。双手分别放在一个椅子或高凳上，弯曲双腿，用手将身体撑起来。然后伸展肘部，放低身体。躯干尽可能垂直于地板。

➖ 简易版变式

对于新手来说，肱三头肌伸展是一个不错的选择。身体向前倾斜，一只手放在凳子或椅子上，另一只手抓住一个重物。弯曲并抬高肘部，保持手臂贴近身体，然后伸展肘部，提升重物。

准备姿势

准备姿势

完成姿势

完成姿势

肱三头肌悬挂伸展

这次，我们将利用悬挂动作来锻炼肱三头肌。我们会从一个相对伸展的姿势开始，类似于利用平躺装置来拉伸肱三头肌。预先拉伸的姿势增大了训练难度，对训练者的要求更高，但成效显著。

准备姿势

+
10

肌肉强度

尺侧腕屈肌　尺侧腕伸肌

三角肌

肱三头肌

冈下肌

斜方肌

背阔肌

前锯肌

腹外斜肌

指伸肌

桡侧腕短伸肌

桡侧腕长伸肌

肘肌　　肱二头肌　　胸大肌

肱桡肌

动作变式

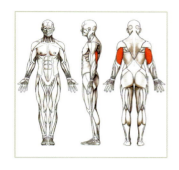

动作指引

　　将悬挂带或绳子穿过高架支撑物，如横梁、横杆或粗树枝。用手抓住带子的两端，背对支撑物。身体向前倾，直到你感觉重物已被悬挂起来，然后寻找合适的倾斜角度。记住，倾斜程度越大，难度就越大。此时，手肘和肩部将会弯曲，双手靠近头部。伸展肘部，身体逐步垂直于地面。

▋ 简易版变式

　　利用传统训练中所用的悬挂带或绳索进行支撑，也可以选择相对简单的变式。将悬挂带穿过支撑物，并在其末端挂上重物。一手抓住悬挂带的另一端，背对支撑物，双脚前后分开站立。双手虎口朝向前额，肘部弯曲，向上拉动重物。

准备姿势　　完成姿势

✚ 进阶版变式

　　使用桌子、栏杆或任何其他坚固的支撑物，可以完成一个类似于传统训练的动作，但是难度明显增大。身体向支撑物倾斜并用双手抓住它。弯曲肘部，保持躯干和下肢呈一条直线。伸直肘部，同时稍微伸展肩部，直到头部高于支撑点。

准备姿势　　完成姿势

技巧提示

● 保持躯干和下肢呈一条直线。

● 尽量不要过多地分开或张开你的肘部。

● 如果经常做这个动作，则可以搭配其他加强肩部外旋肌的动作进行训练。

平板支撑

下面的动作是通过等长收缩作用来锻炼肌肉的。这意味着我们要处于静止状态，不移动身体的位置，将一个姿势保持几秒钟的时间。这需要非常大的力气。

保持姿势

动作指引

面部朝下，用脚尖和前臂支撑身体，使躯干和下肢呈一条直线。做好准备姿势后，腹部用力，抬起身体，保持躯干不向下塌陷。保持这个姿势的时间越长越好。

+

5

—

肌肉强度

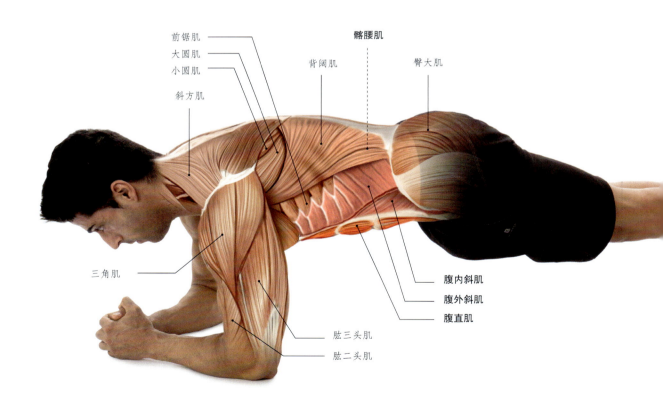

前锯肌
大圆肌
小圆肌
斜方肌
髂腰肌
背阔肌
臀大肌
三角肌
腹内斜肌
腹外斜肌
腹直肌
肱三头肌
肱二头肌

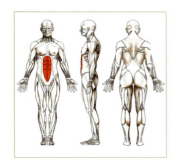

动作变式

▬ 简易版变式

如果经典平板支撑的难度对于你来说太大，那么建议你改用膝盖进行支撑。这种方式依旧有效，但难度较低。利用膝盖和大腿上部而非脚尖进行支撑，这是简易版变式中唯一变化的地方。

保持姿势

技巧提示

● 尽量让下肢和躯干保持一条完美的直线。

● 收缩腹部肌肉组织，避免身体向地面塌陷。

✚ 进阶版变式

为了增大难度，可以在基本姿势上增加等长收缩。我们依旧可以从经典的平板支撑开始，然后身体进行小幅度的屈曲，以增大躯干移动和运动的难度。重要的是，抬起身体时躯干应向上略微拱起，但下压身体时躯干绝不能向下塌陷，在最低点回到最初的平板支撑准备姿势。

准备姿势

完成姿势

103

直臂卷腹

锻炼腹部的动作是最受欢迎的动作之一，但通常也是难度最高的，因为身体屈曲的幅度非常有限。这个简单的初始训练对于强化腹部肌肉非常有用。

准备姿势

肌肉强度

+

4

−

桡侧腕短伸肌
桡侧腕长伸肌
肱桡肌
肱二头肌
肱三头肌
肘肌

腹直肌

三角肌
小圆肌
大圆肌

前锯肌

胸大肌　背阔肌

腹内斜肌
腹外斜肌

104

动作变式

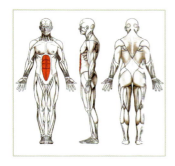

技巧提示

● 专注于锻炼腹肌。

● 一旦开始运动，就应避免移动双腿或者弯曲臀部。

● 把动作幅度限制在几厘米。

动作指引

仰面平躺在垫子上，臀部和膝关节弯曲。手臂向上伸直，一只手放在另一只手上，指向天花板。躯干略微弯曲，上背部抬离地面，同时指尖向上伸展几厘米。重复几次，或者保持最后一个姿势几秒不变。虽然这个动作的运动幅度不大，但你会深切地感受到训练的效果。

▬ 简易版变式

该变式的难度水平类似于传统的直臂卷腹，但做好这个动作有助于技巧的早期训练。仰面平躺在垫子上，双手放置的位置和传统的卷腹动作一样。虽然我们经常看到手放在颈部后面的情况，但最好的姿势是把手放在太阳穴上，避免拉扯颈部，以免伤到颈椎。

准备姿势

完成姿势

✚ 进阶版变式

这个动作与传统卷腹动作大致相同，但是我们可以利用重物来增大难度。手臂伸向天花板方向，举起重物（可以是一本书、一瓶水、一个健身球，甚至其他用途广泛的物品）。身体略微向上弯曲，重物相应地被举起。

准备姿势

完成姿势

支撑提臀抬腿

抬 臀配合卷腹是一种锻炼腹部肌肉的有效方法，二者都需要弯曲躯干，唯一不同之处是和地面分离的部位不同。

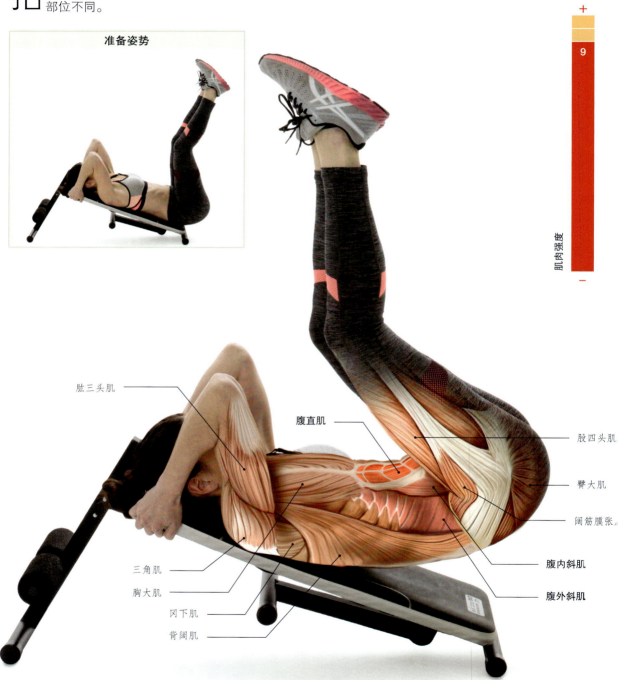

准备姿势

+

9

肌肉强度

−

肱三头肌

腹直肌

股四头肌

臀大肌

阔筋膜张

腹内斜肌

腹外斜肌

三角肌
胸大肌
冈下肌
背阔肌

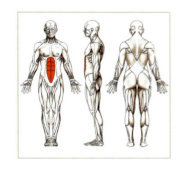

动作变式

动作指引

仰面躺在一个倾斜的长椅上。如果没有长椅，也可以躺在任何平坦的表面上，例如在一块木板下放一个垫块，这样才能做到肩高臀低。用双手把自己固定在长椅上，双脚向上抬举，膝关节伸展。收缩腹肌，试着把臀部和下背部从长椅上抬起。

技巧提示

● 该训练的目的是将臀部和下背部与长椅分开，保持臀部弯曲的程度与初始姿势一致。

● 双手紧握长椅，防止身体下滑。

● 避免下肢抽筋，缓慢进行运动。

▬ 简易版变式

你可以在地面或者平坦的表面上做同样的动作，这样会降低难度。臀部抬离地面，双脚稍微向上抬升，但不要移向头部，膝关节几乎完全伸展开。双脚移动的幅度以5~10厘米为最佳。

准备姿势　　　完成姿势

准备姿势　　　完成姿势

➕ 进阶版变式

如果在两腿之间放一个小重物，难度就会增加。图中显示的重物是较轻的篮球，也可以使用一个背包或加重的踝带。试着把下背部和地面分开，尽可能将双脚抬高，保持膝关节几乎完全伸展。

倾斜提臀抬腿

准备姿势

增大抬臀的倾斜程度可以增加该动作的难度。肩部和臀部的相对位置并不重要。当我们增大躯干屈曲的斜度时，相应的阻力和运动效果就会增大和改善。

肱三头肌　肱二头肌　胸大肌　**腹直肌**

三角肌

大圆肌　背阔肌　前锯肌

腹内斜肌

腹外斜肌

肌肉强度

动作变式

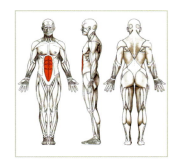

动作指引

仰面躺在一个倾斜的平面上，臀比肩低。可以使用长凳，也可以使用任何其他平坦的表面，只需外加一块垫子来增加斜度。将髋部和膝关节弯曲至90度，并在双腿之间加入重物。接下来试着将下半背部和臀部抬离平面，膝盖靠近胸部。

准备姿势

完成姿势

▬ 简易版变式

身体增大的倾斜程度以及双腿负重的大小成为调整运动难度的要素。为了降低运动难度，可以较小的腿部负重来完成相同的动作。也可以减小支撑物的倾斜程度，从而进一步降低难度。要尽量将臀部向上抬，膝盖向胸部靠近。

准备姿势

技巧提示

● 臀部和膝盖保持不动，注意身体的弯曲程度。
● 下背部必须抬离支撑物。
● 手抓住支撑物的上部，防止身体因躺在倾斜的表面上而下滑。

完成姿势

➕ 进阶版变式

如果增大臀部上抬的倾斜程度，就会加大运动的难度，达到最大倾斜程度（也就是垂直位置）时，难度会更大。尝试最大倾斜程度时，双手必须紧握固定的横杆，躯干弯曲相同的角度，大腿抬高。

109

负重直臂卷腹

准备姿势

卷腹是锻炼腹部肌肉的经典动作,但人们常常误以为负重式的腹部动作会带来伤害,导致腹部变形。然而事实证明,在腹部训练中增加适当的负重,可以起到昱著的增肌效果。所以,腹部肌肉和其他肌肉的训练没有太大的差别。你只要在技术上多加小心,并根据自己的水平和经验调整阻力,就不会有任何问题。

肱肌
肱二头肌
胸大肌
腹直肌
肱三头肌
三角肌
大圆肌
背阔肌
前锯肌
腹外斜肌
腹内斜肌

+
8
−
肌肉强度

动作变式

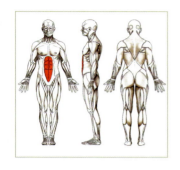

动作指引

　　面部朝上，身体平躺，手掌放置于地面。使用垫子或柔软的表面，不宜直接在地面上进行锻炼。双手握住重物，将其举过头顶，收缩腹部肌肉，将上背部抬离地面几厘米。

技巧提示

● 在运动过程中，肩部和肘部保持不动。

● 弯曲躯干时，身体切忌随意扭动。

● 动作幅度不宜过大。

▭ 简易版变式

　　也可以直接进行直臂卷腹训练，而不需要增加任何负重，因为手臂的伸展带动了身体重心的移动，从而也相应地增大了阻力。因此，直臂卷腹本身的难度相对于经典的卷腹动作已经有所增大，但去除了负重以后，运动的强度就没有那么大了。

准备姿势

完成姿势

准备姿势

完成姿势

✚ 进阶版变式

　　为了增大动作的强度和难度，除负重外，还可以适度增大倾斜程度。如图所示，由于负重集中在手部，因此肩部的位置必须低于臀部，从而自然产生了斜度。

悬挂反向卷腹

虽然到目前为止，我们已展示了用手牵拉悬挂带的方法，但是其实也可以将双脚置于悬挂带上，用双手撑地进行训练。这种方式使腹部训练变得更加灵活，难度增大，因而效果也更加显著。

动作指引

将悬挂带绕过高处的支撑物，两端系在一起，形成一个圆环。双手撑地，一只脚穿过圆环。膝关节打开，双手稳稳地放置在地面上，再将另一只脚搭在圆环上。弯曲身体，尽量稳住臀部，将双脚向手部拉近几厘米的距离。

准备姿势

+

9

肌肉强度

−

臀大肌

胸大肌

背阔肌

前锯肌

大圆肌

小圆肌

冈下肌

三角肌

斜方肌

腹外斜肌

腹内斜肌

腹直肌

肱三头肌

肱二头肌

大圆肌

肘肌

动作变式

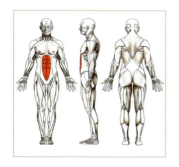

▬ 简易版变式

　　还有一种比较简单、无须特别准备的方法。四肢撑地，双脚穿上袜子或者在运动鞋下垫上一块布，以减小脚和地面之间的摩擦，方便双脚滑动。腹部收缩，身体弯曲，双手、双脚彼此靠拢。

准备姿势

完成姿势

技巧提示

● 尽量减小躯干弯曲的幅度。

● 背部向上拱起，避免塌陷。

● 悬挂的双脚贴近而不接触地面。

✚ 进阶版变式

　　为了增大难度，从准备姿势开始，弯曲并扭动躯干，一半以上的腹斜肌都要用力。膝盖从一边移动到另一边，臀部也跟着摆动，从而使关节得到伸展。

准备姿势

完成姿势

侧板支撑

侧板支撑无须借助任何器械，却能有效地锻炼腹部肌肉。一般来说，保持支撑状态几秒钟，即可完成肌肉的等距锻炼。和其他训练动作一样，这个动作可通过不断的重复达到肌肉等距收缩的效果。

动作指引

侧躺在地面或者垫子上。双脚、大腿以及前臂接触地面或垫子，起到支撑作用。保持躯干和下肢呈一条直线。这时，只有单侧的脚和前臂同地面或垫子保持接触，臀部向上抬离地面或垫子。

准备姿势

肱三头肌
肱肌
胸锁乳突肌
肩胛肌
斜方肌
胸大肌
三角肌
肱二头肌
腹直肌
腹外斜肌
腹内斜肌

7

肌肉强度

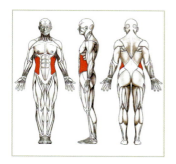

动作变式

技巧提示

● 试着找到稳定的支撑点。

● 可以把一只脚放在另一只脚的前面，以便保持身体的稳定。

● 如果身体的任何一个支撑点的痛感明显，则建议使用软垫或者其他任何可以减轻那个区域压力的物品辅助进行训练。

准备姿势 完成姿势

▬ 简易版变式

用前臂支撑固定杆，可以减小身体的倾斜程度，这意味着动作的强度降低。开始时，保持上、下半身呈一条直线，然后躯干向一侧下压，臀部远离固定杆。

准备姿势

✚ 进阶版变式

该变式的准备姿势同前述的侧板支撑的完成姿势一致，躯干和下肢呈一条直线。此时，腹斜肌发挥支撑作用。如果继续向一侧弯曲躯干，将臀部抬得更高，肌肉的锻炼效果就会更加显著。

完成姿势

115

侧卧卷腹

腹斜肌是非常重要的肌群，它能维持身体的平衡，保证身体功能的正常运行，但因为在健美体形中不够突出而往往被人们忽视。如果你想要正确得当地完成侧卧卷腹动作，就需要牢牢地固定好双脚。

动作指引

　　侧躺在垫子或其他平面上，最好是软垫。然后无论何时，只要可以，就把双脚固定好，或者让训练搭档把它们按压在垫子上。双脚前后交叉。双手放在颈部后面，不要牵拉头部。向上侧弯躯干，直到身体的另一侧与地面分离。

准备姿势

肱二头肌

肱肌

喙肱肌

大圆肌

背阔肌

腹外斜肌

腹内斜肌

腹直肌

胸大肌

前锯肌

肌肉强度

8

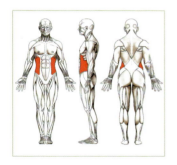

动作变式

▬ 简易版变式

如果从站立姿势开始的话，腹斜肌的锻炼强度则会降低不少。可以一手握住重物，连续向另一侧弯曲上半身，上下拉动重物。

技巧提示

● 双脚置于地面上时，保持一只脚在前而另一只脚在后的姿势。

● 双脚务必固定好，或者请搭档按住你的双脚。

● 尽量侧卧在垫子上。

完成姿势

准备姿势

✚ 进阶版变式

该变式对技巧的要求较高。准备姿势与前述的侧卧卷腹相同，但是双脚并未固定在地面上，而是当躯干向一侧弯曲时，双脚和上半身一起向上抬离地面。

准备姿势

完成姿势

负重抬臀

如果臀大肌能得到有效的锻炼，就能显著改善体形，提升个人形象，因为它展示了身体的轮廓之美。传统上，女性比男性更重视该部位的形态。随着观念的改变，越来越多的男性也意识到了这一点。如果他们在训练中一直忽视臀部的锻炼，则身体的平衡性将难以实现。

准备姿势

动作指引

仰面躺在垫子上，髋部和膝关节弯曲，双脚置于垫子上。将一个重物放在腹部上方，双手握紧重物并保持稳定。此时，收缩臀部肌肉，臀部上抬，举起重物。在最高点时，躯干和大腿呈一条直线，以上背部作为身体的支撑区域。

+

5

−

肌肉强度

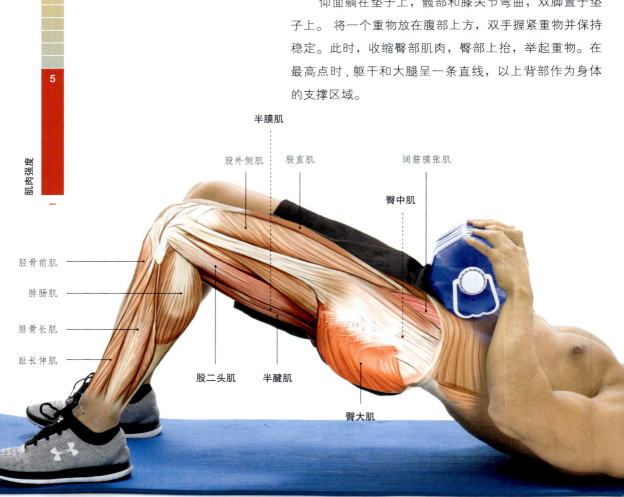

半膜肌

股外侧肌　股直肌　阔筋膜张肌

臀中肌

胫骨前肌

腓肠肌

腓骨长肌

趾长伸肌

股二头肌　半腱肌

臀大肌

动作变式

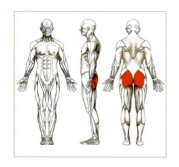

简易版变式

　　负重抬臀并不是难度非常大的动作，但如果你是新手，那么在该简易版变式中可以减去负重，降低难度。双手放在体侧，平躺在垫子上，臀部上抬，动作要领均和负重抬臀一致。

技巧提示

● 双手紧握重物。
● 颈部放松。

准备姿势

完成姿势

进阶版变式

　　如果负重不能再继续增加时，另一种增大阻力的方法就是单边抬臀训练。抬起一只脚，将全部体重都施加在另一只脚上，臀部上抬，然后换另一边进行，如此交替，重复几遍。

准备姿势

完成姿势

双腿上踢

髋 部的伸展程度决定了臀大肌的训练效果。上踢腿是一个基本训练项目，双腿上踢能有效地锻炼臀部两侧的肌肉。

动作指引

上半身俯卧在长凳或类似的平面上，髋部和膝关节自然弯曲，下半身位于支撑面之外。双手牢牢抓住支撑物，逐步伸展髋部和膝关节，使下肢抬起并与躯干平齐，最后身体呈微微上翘的反拱形姿势。

准备姿势

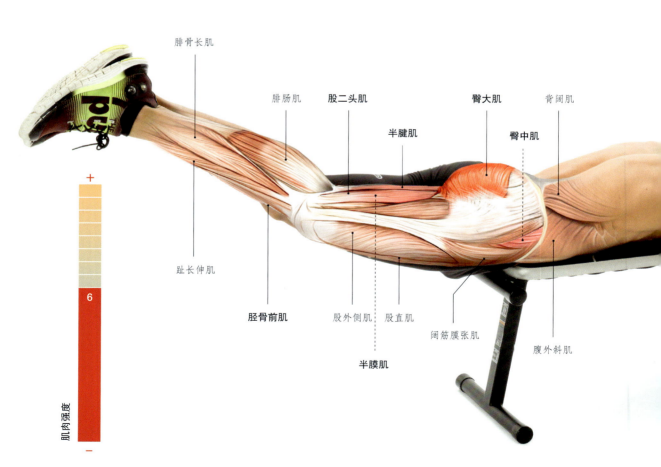

腓骨长肌

腓肠肌　　股二头肌　　　臀大肌　　背阔肌

半腱肌　　　臀中肌

趾长伸肌

胫骨前肌　　股外侧肌　股直肌

阔筋膜张肌

腹外斜肌

半膜肌

肌肉强度

6

动作变式

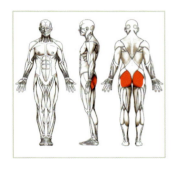

技巧提示

- 选择平稳的支撑面。
- 在整个动作过程中，膝关节略微弯曲，以降低动作的难度。
- 尽可能伸展髋部。

▬ 简易版变式

在做成该动作时，可以不借助任何支撑物，以四肢着地的姿势进行训练。每次训练时，从臀部的一侧开始，然后交替进行。这样，每组动作的强度明显降低，但依然能取得喜人的效果。

准备姿势

完成姿势

准备姿势

✚ 进阶版变式

可以通过增加负重来增大难度。可以请搭档帮忙，在你上抬腿时，请他下压你的脚踝以增大阻力。当然，也可以借助弹力带自行完成该动作。

完成姿势

负重后踢腿

准备姿势

臀中肌

臀大肌
半腱肌
腓骨长肌

股二头肌
股直肌
股外侧肌

趾长伸肌

半膜肌
腓肠肌

胫骨前肌

肌肉强度

増加负重的髋部伸展训练能有效锻炼臀部肌肉。出于这个原因，任何相关的训练都会得到令人满意的效果。在这种情况下，为了做到后踢腿，可以选择从站立姿势开始，并请训练搭档施加阻力进行负重训练。

动作变式

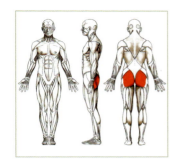

动作指引

　　站在墙壁、栏杆或柱子前，身体稍略向前倾，可以用手或前臂作为支撑。当搭档推动你的脚掌时，这只脚可以像跳弗拉门戈舞一样翘起来。收紧臀部，然后伸展臀部，反方向推动搭档的手，同时感受搭档施加的同等阻力。

技巧提示

● 在坚固的平面上，利用手或前臂支撑身体，这样在搭档推动你的脚掌时不至于失去平衡而摔倒。

● 踢腿动作应缓慢。

● 从髋关节屈曲的位置开始，向后伸展臀部。

准备姿势

完成姿势

▬ 简易版变式

　　如果你喜欢在没有搭档帮助的情况下进行踢腿训练，那么就需要找一个稳固的凳子或椅子来支撑双手。向前倾斜上半身，反复伸展和弯曲一侧髋关节，然后换另一侧继续进行训练。

✚ 进阶版变式

　　如果你喜欢单独训练，但又想进行负重训练，那么就可以使用一个具有一定重量的袋子或者加重的脚踝护具来帮助你达到目的。如果你选择袋子，那么我们建议你在梯子上或类似的地方进行训练。这样，每次抬腿和放下时袋子就不会碰到地面。

准备姿势

完成姿势

负重深蹲

当我们谈到腿部训练时，深蹲往往是首选动作。这种经典的力量训练不仅对大腿肌肉有着很好的锻炼效果，而且相对于其他动作，还能同时强化臀肌和竖脊肌。

准备姿势

肌肉强度

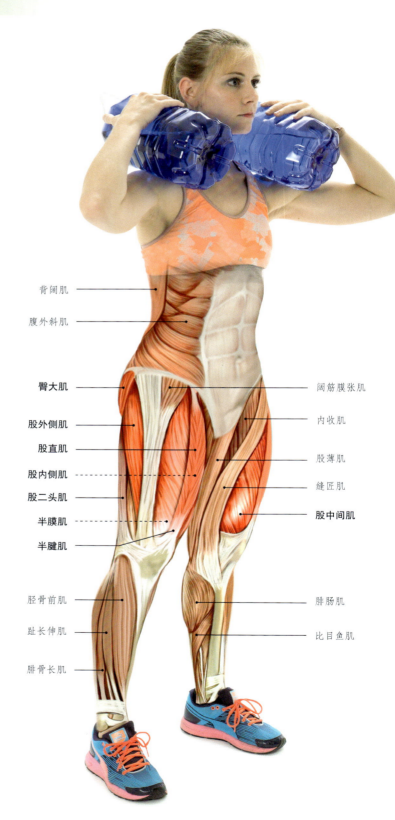

背阔肌
腹外斜肌

臀大肌
股外侧肌
股直肌
股内侧肌
股二头肌
半膜肌
半腱肌

胫骨前肌
趾长伸肌
腓骨长肌

阔筋膜张肌
内收肌
股薄肌
缝匠肌
股中间肌

腓肠肌
比目鱼肌

124

动作变式

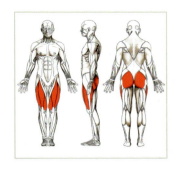

动作指引

身体直立，肩部两侧放置重物。我们推荐使用水桶的原因有二，一是实用，二是其重量可改变。当然也可以选择其他物品。

弯曲膝关节和髋部，使二者构成90度甚至更小的夹角。然后抬高重物，重新回到直立姿势。

技巧提示

● 过度追求"深度"会损伤膝关节。

● 回到直立姿势时，切忌过度伸展双腿。

● 回到直立姿势时，伸展脊椎。

▬ 简易版变式

对于新手和想要改善体形的人，我们建议在进行深蹲训练时无须增加任何负重。注意，在做深蹲动作时，可以向前伸展手臂来维持身体的稳定及平衡。

准备姿势

完成姿势

✚ 进阶版变式

在不增加任何负重的前提下，单腿支撑的深蹲动作对于很多人而言几乎是不可能完成的任务，更不用说追求膝关节和髋部构成90度甚至更小的夹角。这个动作的难度很大，即使在专业运动员中也只有少数人能做到。

准备姿势

完成姿势

125

悬挂深蹲

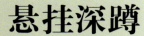

同其他动作一样，深蹲也可以采用悬挂的方式进行。我们需要的装备不过是一条悬挂带或者有弹力的绳索，加上自身的体重就可以完成。悬挂深蹲的运动强度可以通过身体的倾斜程度进行调整。

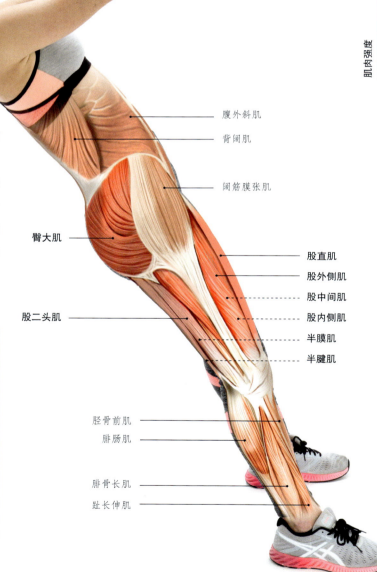

腹外斜肌
背阔肌
阔筋膜张肌
臀大肌
股直肌
股外侧肌
股中间肌
股内侧肌
半膜肌
半腱肌
股二头肌
胫骨前肌
腓肠肌
腓骨长肌
趾长伸肌

肌肉强度

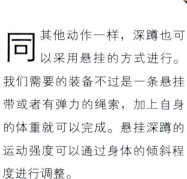

准备姿势

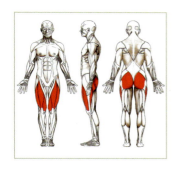

动作变式

动作指引

将悬挂带穿过高处的支撑物，双手紧握其末端，身体呈悬挂状态。身体向后倾斜，膝关节和肘部完全伸展，手臂位于面前。然后弯曲膝关节和髋部，降低重心，接着缓缓拉伸，牵拉整个身体向上，回到站立姿势。

技巧提示

● 如果你的膝关节受过伤，则尽量不要使它们的弯曲角度超过 90 度。

● 背部挺直。

● 在运动过程中，不要弯曲肘部或突然收紧手臂。

▬ 简易版变式

该变式略微降低了难度，需要的准备工作也较少。你只需把背靠在墙上，双脚稍微向前。弯曲膝关节和髋部，背部沿着墙壁向下滑动。在最低点保持这个姿势几秒钟，然后站起来。

准备姿势

完成姿势

✚ 进阶版变式

在不增大外界阻力的情况下，想要提升运动强度的一种方法就是单侧训练。这种情况下，在完成了前文所述的悬挂深蹲后，保持最终姿势不变，然后抬起一只脚，利用单肢的力量拉起整个身体。这样，一个难度一般的动作立刻变得极具挑战性。

完成姿势

准备姿势

负重弓步

毫无疑问，弓步、下蹲和压腿是锻炼股四头肌的最佳方式。实际上，它们的操练方法多种多样，其中之一就是通过负重来增大难度。因此，这是腿部的常规训练计划中不可或缺的一部分。

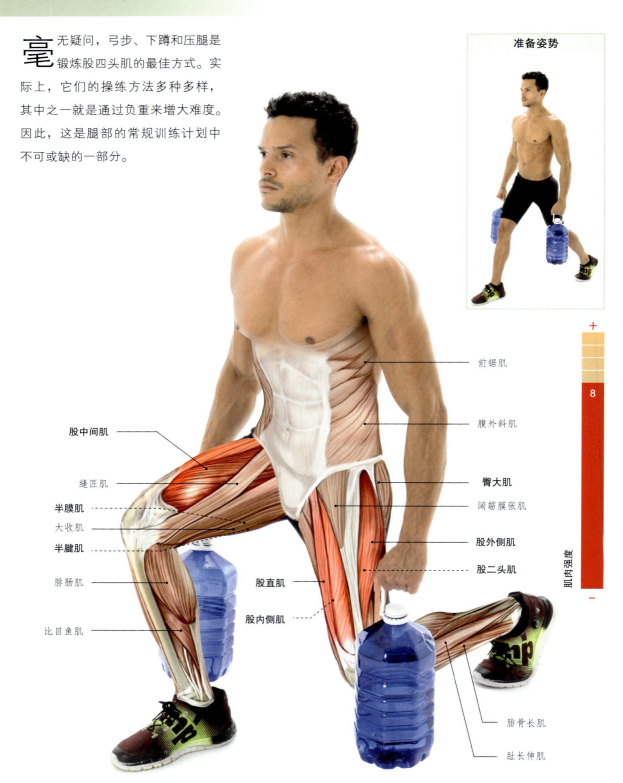

准备姿势

前锯肌

腹外斜肌

股中间肌

缝匠肌

半膜肌

大收肌

半腱肌

腓肠肌

比目鱼肌

股直肌

股内侧肌

臀大肌

阔筋膜张肌

股外侧肌

股二头肌

腓骨长肌

趾长伸肌

肌肉强度

8

动作变式

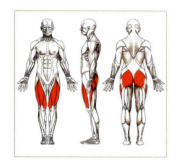

简易版变式

同样的动作也可以在不增加负重的情况下进行,这使得练习更加容易。动作是完全一样的,但是没有负重的训练对于初学者尤其是平衡感不佳和正在提升自己技巧的人来说是一个更好的选择。

动作指引

双脚前后放置,双手各握一个重物。可以用任何其他物品代替传统的水桶,甚至可以双手共握一个重物。在弯曲膝关节的同时,降低重心。 在运动的最低点时,两侧膝关节应该尽量弯曲成 90 度,但位于后方的膝盖不可碰触地面。

技巧提示

● 当动作到达最低点时,要防止膝盖碰触地面。
● 从一个能维持住平衡的姿势开始,循序渐进。
● 尽量不要使膝关节弯曲的角度超过 90 度。

准备姿势

完成姿势

准备姿势

完成姿势

进阶版变式

这个变式和经典的负重弓步非常类似,不同的是后脚必须放在一个抬高的物体上。 这会增加前脚的负重,也因此加大了平衡和技巧控制的难度,使动作更具挑战性。

反向后倾下腰

我们经常力求达到更大的运动幅度和运动范围，但是为了保证训练的多样性，我们也需要一些限定运动范围的动作。切忌对这类动作避而远之，其实它们的加入反而能丰富你的训练内容。

准备姿势

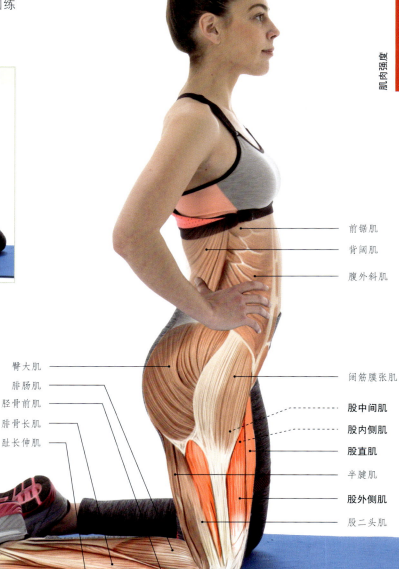

肌肉强度

前锯肌
背阔肌
腹外斜肌

臀大肌
腓肠肌
胫骨前肌
腓骨长肌
趾长伸肌

阔筋膜张肌
股中间肌
股内侧肌
股直肌
半腱肌
股外侧肌
股二头肌

动作变式

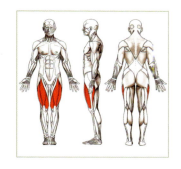

动作指引

　　跪在垫子上，或者在膝盖下放置一些柔软的东西（例如毛巾），起到保护作用。大腿和躯干保持一条直线，上半身向后倾斜，利用股四头肌的力量减缓后倾的速度。一旦到达动作的最低点后，身体就逐渐回到初始状态。整个过程只用到了股四头肌。

技巧提示

● 在整个运动过程中，大腿和躯干必须保持一条直线。

● 在回到初始状态之前，尽量保持最大的倾斜角度。

● 在锻炼的时候，双膝稍微分开，以保持身体的稳定。

▬ 简易版变式

　　坐在椅子或高凳上，膝关节弯曲至90度。将重物放在脚上，向前伸展膝关节，抬高双腿，整条腿伸直。随着腿部肌肉越发强壮，负重也应继续增加，从而加强力量训练。

准备姿势　　　　完成姿势

✚ 进阶版变式

　　一旦你能够以较大的倾斜程度完成前述的后倾下腰动作，就可以继续通过增加负重来提高难度。如果你还想更进一步的话，则将重物举至胸前，然后双手抬高，将其举过头顶，甚至放到颈部后方。

完成姿势

准备姿势

西斯深蹲（柔式深蹲）

有些人非常喜欢西斯深蹲（也可称为柔式深蹲），尽管如此，现在很少看到运动员在健身房中进行这种锻炼。其他针对股四头肌的训练动作（如标准深蹲和弓步）都会借用到臀肌或股后肌群的力量，但西斯深蹲可以单独锻炼到股四头肌。

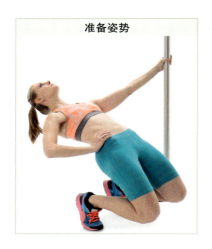

准备姿势

+

9

肌肉强度

−

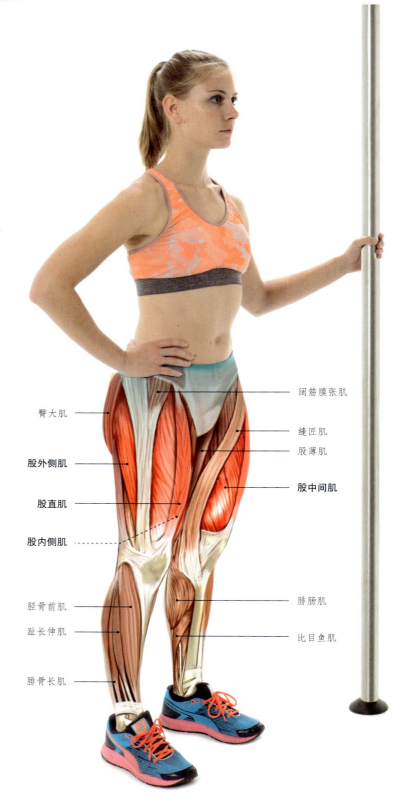

阔筋膜张肌

臀大肌

缝匠肌

股薄肌

股外侧肌

股中间肌

股直肌

股内侧肌

胫骨前肌

腓肠肌

趾长伸肌

比目鱼肌

腓骨长肌

动作变式

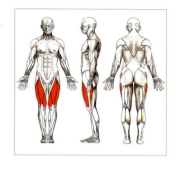

动作指引

　　一只手握住垂直支撑物，如柱子、栏杆、把手或其他类似的物体。膝关节弯曲，身体后倾，躯干和大腿呈一条直线。在动作的最低点，用脚尖进行支撑，努力保持身体的平衡，然后再次伸展膝关节，缓慢站立起来。

技巧提示

● 始终保持大腿和躯干呈一条直线。
● 始终保持一只手紧握支撑物，以保持身体的平衡。

一 简易版变式

　　如果你有一个垂直的支撑物和一条阻力带的话，就可以试着做阻力带深蹲。将带子的两端扣在一起，绕过支撑物，双腿穿过阻力带，使其收紧。身体下压，弯曲膝关节，进行深蹲训练。

完成姿势

准备姿势

✚ 进阶版变式

　　西斯深蹲也可以在负重的情况下完成。可以将重物悬挂于双手上，也可以将重物压在胸前。重物的增加会给这项高难度的动作带来更大的挑战。只有当你熟练掌握深蹲技巧后才可做该变式。

准备姿势   完成姿势

133

站立腿弯举

毫无疑问，跟其他肌群相比，腘绳肌的锻炼缺乏新意。相对于发达的股四头肌、腓肠肌和臀肌，腘绳肌并不显眼。然而，正确的训练依然必不可少，这样才能避免身体失衡，影响健康。

背阔肌

腹外斜肌

阔筋膜张肌

臀大肌

股直肌

半腱肌

半膜肌

股外侧肌

股二头肌

腓肠肌

腓骨长肌

趾长伸肌

肌肉强度

+

4

−

准备姿势

动作变式

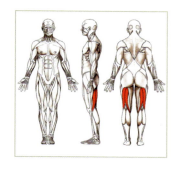

动作指引

首先，在脚踝上放置一个重物，可以是加重的踝关节护具。如果没有的话，也可以使用一个装满东西的袋子，将它挂在脚踝上。支撑腿务必站在台阶或梯子上，以防袋子触碰地面。连续弯曲和伸展膝关节，上下移动重物。

技巧提示

● 试着把动作集中在膝关节上，保持臀部不动。

● 可以用双手支撑身体，或者抓住一些东西来增强身体的稳定性。

● 支撑腿的膝关节必须稍微弯曲。

▬ 简易版变式

如果你和搭档一起训练，就可以请搭档用手按压你的后脚的脚踝来替代实际的重物。这种改变的好处是阻力可以随着需要进行灵活及时的调整。谨记，为了达到更好的效果，训练必须始终具有一定的挑战性。

准备姿势

完成姿势

✚ 进阶版变式

面朝下俯卧，收紧臀部，控制膝关节的运动。请搭档在你的脚踝周围放置一条腰带或毛巾，拉动其两端，使膝关节难以弯曲，从而达到更大的强度和更好的效果。

准备姿势

完成姿势

罗马尼亚硬拉

硬拉是肌肉训练中的经典动作，也是举重项目之一。所以，我们经常看到力量型训练者在进行该项训练时拉起的重量往往非常大。罗马尼亚硬拉能有效地锻炼腘绳肌和臀肌。

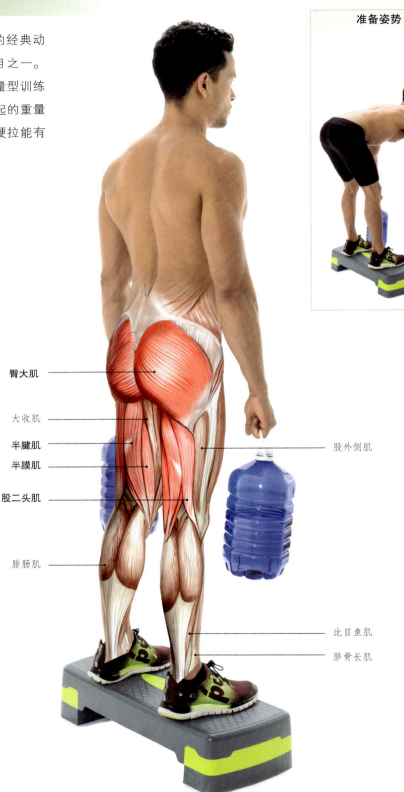

准备姿势

臀大肌

大收肌

半腱肌

半膜肌

股二头肌

腓肠肌

股外侧肌

比目鱼肌

腓骨长肌

+

7

肌肉强度

−

动作变式

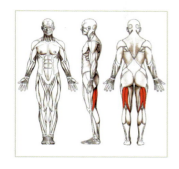

动作指引

　　双手各执一个重物——可以用水桶进行训练。根据重物的大小，可以在台阶上完成该动作，这样能适度扩大运动幅度。弯曲髋关节，脊柱保持伸展状态，躯干向前倾斜。此时，膝关节应该得到充分的拉伸。当向下的动作完成后，髋关节向上伸展，执行相反的动作，拉起重物，回到初始姿势。

技巧提示

● 在整个运动过程中，膝关节几乎完全伸展，其位置的变化很小。

● 保持背部伸展，收缩竖脊肌，以防止腰椎损伤。

简易版变式

　　该变式的难度不大，站在一根杆子或竖直的支撑物前，准备一条弹力带。将带子的两端绑在一起，然后绕过杆子。双脚放入带子中，将弹力带上拉至膝盖下方的位置，并确保带子拉紧。身体缓慢前倾，弯曲髋关节，上半身继续向前倾斜，然后再次伸展髋关节，身体回复到直立状态。

完成姿势

准备姿势

进阶版变式

　　为了增大这个动作的难度，我们建议你可以试着用一条腿完成罗马尼亚硬拉。由于一条腿的稳定性不足，所以对动作技巧的要求更高。可以用一只手抓住支撑物来保持身体的平衡。

准备姿势　　　　　　完成姿势

悬挂式腘绳肌弯举

我们再一次提及悬挂式训练，因为它确实是最方便的补充训练。你可能以前从未见过该动作，但是它的效率很高，难度也非常大，臀部肌肉在该训练中能充分实现等长收缩，得到锻炼。

准备姿势

动作指引

将悬挂带穿过高处的支撑物，并用一端缠绕双脚的脚踝。仰面平躺在地上，臀部抬起，用脚踝和上背部支撑身体。弯曲膝关节，臀部继续上抬，保持上半身和大腿呈一条直线。

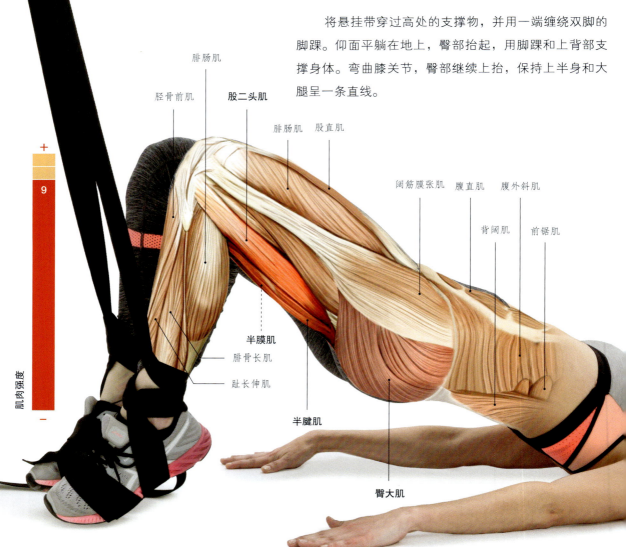

腓肠肌

胫骨前肌

股二头肌

腓肠肌　股直肌

阔筋膜张肌　腹直肌　腹外斜肌

背阔肌　前锯肌

半膜肌

腓骨长肌

趾长伸肌

半腱肌

臀大肌

肌肉强度

+

9

−

动作变式

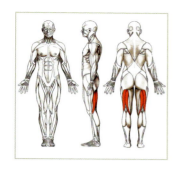

一 简易版变式

上述动作对新手来说具有一定的难度，该变式则更易上手。面部朝下，俯卧在垫子上，请你的搭档用手握住你的脚踝。你可以试着向上弯曲膝关节，而搭档则适度施加压力以增大难度。

技巧提示

● 大腿和躯干在整个运动过程中务必保持一条直线。

● 在整个运动过程中，髋关节必须保持不动。

● 当你开始训练时，脚必须抬高几厘米。

准备姿势　完成姿势

进阶版变式

跪在垫子上，用物体固定脚踝，或者请搭档帮忙。保持躯干和大腿呈一条直线，上半身逐渐前倾，直到最低点，然后重新返回初始状态。

准备姿势　完成姿势

负重提踵

腓肠肌常常在训练中被忽略，或者没有得到充分的锻炼。在某种程度上，这是因为许多训练者无须特殊的训练，先天体形就非常完美。即便如此，我们也应意识到提踵动作能有效锻炼该处肌群。

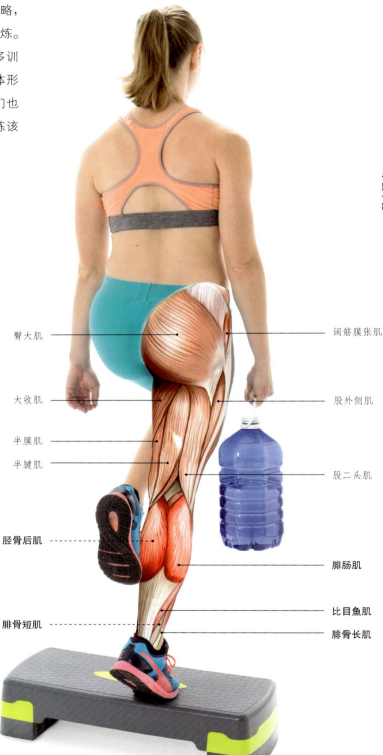

肌肉强度

臀大肌

大收肌

半膜肌

半腱肌

胫骨后肌

腓骨短肌

阔筋膜张肌

股外侧肌

股二头肌

腓肠肌

比目鱼肌

腓骨长肌

准备姿势

动作变式

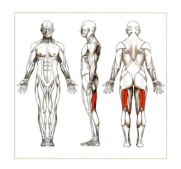

动作指引

　　将支撑脚的脚尖放在台阶上,另一只脚保持悬空状态。你可以用单手或双手抓住重物。开始时,支撑脚的脚后跟低于脚尖,然后提踵,踮起脚尖,重心上升,此时支撑脚的脚后跟高于脚尖。

技巧提示

● 保持膝关节伸展。

● 尽可能大幅度地完成动作,但踝关节必须保持稳定。

● 如有必要,可以用一只手支撑身体,以保持平衡。

▬ 简易版变式

　　在双脚着地的情况下做同样的动作,不仅可以简化技巧,提升平衡能力,而且可以降低肌肉运动的强度。由于这个原因,该变式适合新手和尚未掌握动作技巧的人。

准备姿势

✚ 进阶版变式

　　做这个动作时,你需要搭档的帮助以及诸如桌子和高凳这样的支撑物。身体前倾,前臂放在支撑物上。请搭档坐在你的臀部(不可向前移动),这时阻力明显增大。此时进行提踵训练,不断向上抬升脚底,直到只剩下脚尖支撑,然后再次使脚踝下沉,回到初始状态。

完成姿势

准备姿势

完成姿势

悬挂提踵

悬挂装置能帮助我们进行更加有效的训练。借助悬挂带，将整个身体向前倾斜，从脚背处的弯曲开始，整个动作的幅度更大，从而能有效地锻炼腓肠肌和比目鱼肌。

准备姿势

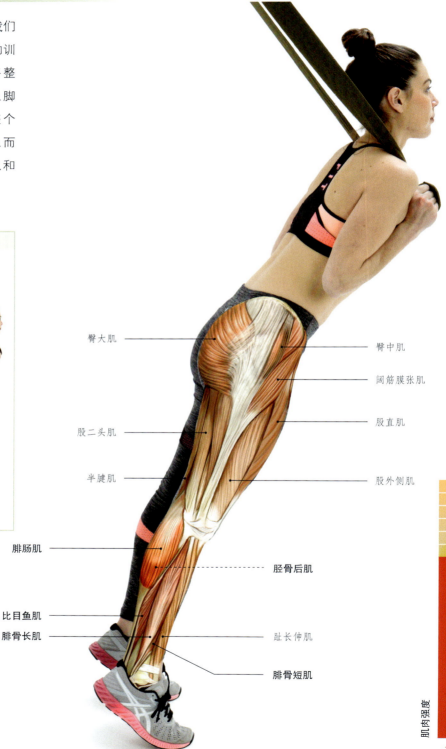

臀大肌

股二头肌

半腱肌

腓肠肌

比目鱼肌

腓骨长肌

臀中肌

阔筋膜张肌

股直肌

股外侧肌

胫骨后肌

趾长伸肌

腓骨短肌

+

7

−

肌肉强度

动作变式

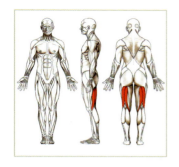

动作指引

将悬挂带穿过高处的支撑物，末端搭在肩上，弯曲手肘，双手握紧带子。身体前倾，双脚进行支撑，将整个身体悬挂在带子上。从脚背开始屈曲，然后是脚底，最后延展到脚趾，直到仅剩脚尖触地。

技巧提示

● 膝关节在整个运动过程中保持伸展。

● 身体前倾，这样可以加大踝关节的运动幅度。

● 保持躯干和下肢呈一条直线。

简易版变式

站在墙前，身体前倾，双手扶墙，此时脚踝位于身体中线后面，以便把动作做得更大。双脚脚底上提屈曲，最后仅剩脚尖触地，然后缓慢下放，双脚回到初始姿势。如此反复多次，不断循环。

准备姿势　　完成姿势

进阶版变式

坐在椅子或长凳上，请搭档坐在你的膝盖上。脚底和踝关节屈曲，双腿的重量完全压在脚尖上。记住，膝关节朝前的姿势对比目鱼肌的作用比对腓肠肌的作用更大。

准备姿势　　完成姿势

训练方案

在 本部分，我们将分初、中、高 3 个级别介绍相应的训练方案。这些例行训练只起指引作用，大家还需根据自身情况随时调整方案，并应考虑到任何可能出现的问题，如受伤、恢复的速度等。这些训练方案将为你的训练打造良好的开端，激发你新的想法，当然也可作为经验丰富的训练者每日例行训练中的一点变化。本部分的训练方案以 7 天为一个周期，周末两天为休息日。每个星期一至两天的休息时间是较为理想的，你也可以选择自己喜欢的时段进行放松休整。每个例行程序都包括主要训练，其中只显示训练的序号、不同的变式及相应的难度。同理，所有的变式也会以序号和符号的形式标记出来。

在一些训练中，每个系列均有固定的重复次数（例如，做 4 组，每组重复 12 次）；在另一些训练中，每组重复的次数可能不同（例如，做 3 组，各组分别重复 12 次、10 次和 8 次），也可以在一定范围内重复（例如，做 3 组，每组重复 8~12 次）。偶尔，你可能会被要求在每个系列中重复尽可能多的次数（例如，做 3 组，重复尽可能多的次数）。在最后一种情况下，请记住，如果你能完成的最大重复次数小于 6 或大于 20，这意味着难度要么太高，要么太低，你应该调整运动的相关参数（负重、倾斜度等）。不要忘记我们在本书的前几页提供的建议和训练原则，因为它们可以帮助你理解训练方案或者对其进行个性化的修改。

初级训练方案

星期一	41 125页 组数：5　重复次数：12	50 143页 组数：4　重复次数：16	09 61页 组数：4　重复次数：12	23 89页 组数：3　重复次数：12
星期二	休息日			
星期三	42 127页 组数：5　重复次数：12	50 142页 组数：4　重复次数：16	12 67页 组数：4　重复次数：12	25 93页 组数：3　重复次数：14
星期四	休息日			
星期五	43 129页 组数：5　重复次数：12	49 141页 组数：4　重复次数：14	11 64页 组数：4　重复次数：10	24 91页 组数：3　重复次数：10
星期六	休息日			
星期日	休息日			

01 44 页 组数：4　重复次数：10	**17** 77 页 组数：4　重复次数：12	**26** 95 页 组数：3　重复次数：12	**30** 102 页 组数：4　保持时间：20 秒	星期一

休息日　星期二

04 51 页 组数：4　重复次数：12	**18** 78 页 组数：4　重复次数：14	**27** 97 页 组数：3　重复次数：12	**31** 105 页 组数：4　重复次数：14	星期三

休息日　星期四

03 49 页 组数：4　重复次数：12	**21** 84 页 组数：4　重复次数：14	**28** 99 页 组数：3　重复次数：10	**32** 107 页 组数：4　重复次数：10	星期五

休息日　星期六

休息日　星期日

中级训练方案

星期一	10 63页 组数：4 重复次数：12·10·10·8	09 60页 组数：3 重复次数：12	03 48页 组数：4 重复次数：10	05 53页 组数：3 重复次数：10
星期二	41 124页 组数：4 重复次数：14·12·12·10	42 126页 组数：3 重复次数：14	47 136页 组数：4 重复次数：10	50 142页 组数：3 重复次数：20

星期三	休息日

星期四	11 64页 组数：4 重复次数：12·10·10·8	08 58页 组数：4 重复次数：12	04 50页 组数：4 重复次数：10	05 52页 组数：3 重复次数：10·8·8
星期五	43 128页 组数：4 重复次数：10	45 132页 组数：3 重复次数：10	48 139页 组数：3 重复次数：10·8·6	49 140页 组数：3 重复次数：12

星期六	休息日
星期日	休息日

24 90 页 组数：4　重复次数：12·12·10·10	**23** 88 页 组数：2　重复次数：12	**26** 94 页 组数：3　重复次数：12	**27** 96 页 组数：3　重复次数：10·8·8	星期一
17 76 页 组数：3　重复次数：10·8·8	**21** 84 页 组数：4　重复次数：14·12·10·10	**34** 110 页 组数：4　重复次数：14	**36** 114 页 组数：3　保持时间：20 秒	星期二
休息日				星期三
25 92 页 组数：4　重复次数：12·12·10·10	**23** 89 页 组数：3　重复次数：12	**26** 95 页 组数：4　重复次数：12	**28** 98 页 组数：3　重复次数：14	星期四
18 78 页 组数：4　重复次数：14·12·10·10	**19** 80 页 组数：3　重复次数：14·12·12	**32** 106 页 组数：4　重复次数：10	**37** 116 页 组数：3　保持时间：20 秒	星期五
休息日				星期六
休息日				星期日

高级训练方案

星期一	03 49页 组数：4 重复次数：8～12	04 51页 组数：3 重复次数：6～10	05 52页 组数：3 重复次数：10	10 62页 组数：3 重复次数：尽最大能力
星期二	21 84页 组数：4 重复次数：14～16	17 77页 组数：3 重复次数：尽最大能力	19 81页 组数：3 重复次数：12	43 129页 组数：4 重复次数：尽最大能力
星期三	休息日			
星期四	24 91页 组数：4 重复次数：8～12	25 92页 组数：3 重复次数：8～12	23 89页 组数：3 重复次数：尽最大能力	29 101页 组数：4 重复次数：12
星期五	45 133页 组数：4 重复次数：12	43 128页 组数：3 重复次数：12	42 127页 组数：3 重复次数：8～12	48 138页 组数：4 重复次数：尽最大能力
星期六	休息日			
星期日	休息日			

12 66 页 组数：3　重复次数：尽最大能力	**09** 61 页 组数：4　重复次数：12	**23** 89 页 组数：3　重复次数：12 ~ 14	**29** 100 页 组数：3　重复次数：10 ~ 12	星期一
33 108 页 组数：4　重复次数：尽最大能力	**34** 111 页 组数：4　重复次数：尽最大能力			星期二
休息日				星期三
27 96 页 组数：3　重复次数：8 ~ 12	**26** 95 页 组数：3　重复次数：尽最大能力	**06** 54 页 组数：4　重复次数：10	**08** 59 页 组数：4　重复次数：10 ~ 12	星期四
49 141 页 组数：4　重复次数：尽最大能力	**21** 85 页 组数：4　重复次数：尽最大能力	**33** 109 页 组数：3　重复次数：尽最大能力	**30** 103 页 组数：3　重复次数：10 ~ 12	星期五
休息日				星期六
休息日				星期日